JN297826

これ1冊で安心！シーン別・行事別で便利な保育バイブル

保育を完全サポート！
0歳から5歳までの言葉かけ

監修　マミーズファミリー代表　増田かおり

日東書院

はじめに

両手を広げてかけてきてくれる子どもが好き。
満面の笑顔でニコニコしている子どもといると、本当に楽しい。
お母さんに頼りにされると、ちょっぴり嬉しい。
そんな、小さなしあわせの積み重ねが、
保育という仕事の大きな魅力だと思います。
私自身、保育士として最前線で仕事をしていたときには、
毎日があわただしくて大変で、
子どもにじっくりとかかわれなかった
自分がいたことを今でも思い出します。
ですから、皆さんがどれだけ目まぐるしい時間を
過ごしているかは想像できます。

今や、待機児童が社会問題になっているにもかかわらず、
2017年には74,000人の保育士が不足すると言われています。
保育士として就業したくない理由として
賃金が安い、責任が重い、事故への不安、人間関係
といった声がよくあがります。
しかし、保育所は未来の人材を育成するもっとも重要な場所で
そのかけがえのない仕事を皆さんは担っているのです。

そこで、その保育の現場において
日常で起こっている問題を想定した
「子どもと仲よくなりたい」
「子どもに自分の思いが伝わるといいのに」
「お母さんにもっと信頼されたい」という思いに応える
言葉かけを紹介することで
保育のお手伝いをしたいと考えています。

この本はプロの保育者のために
・保育者から子どもへの言葉かけ
・保育者から保護者への言葉かけ
・自分自身への言葉かけ
の3つに分けて状況別に例をあげながら、
適切な言葉を紹介しています。
困ったとき、いきづまったときのヒントの糸口として本書の
言葉かけを実践してみてください。

マミーズファミリー代表
増田かおり

CONTENTS 〜目次〜

はじめに …………………………………………………………………… 2

PART1 登園編

0歳	子どもを受け取るとき	0歳クラスの担任になるのが初めてです。朝の対応で何か気をつけることはありますか？	10
1〜2歳	抱っこで受け入れるとき	保護者から離れない子どもを無理に引き離すと、さらに大泣きします。受け入れのコツはありますか？	12
1〜2歳	大泣きしながら登園したとき	子どもが大声で泣きながら登園して来るときの対応に今いち自信が持てません。	14
1〜2歳	登園が遅くなった子がいたとき	登園が遅くなった子どもをすんなり保育に入れる方法はありますか？	16
3〜5歳	朝のあいさつをしないとき	教育熱心な保護者が子どもにあいさつを強要しています。私はどう対応してよいかが分かりません……。	18
3〜5歳	泣くことが習慣になっているとき	保護者との別れが悲しくいつも泣く子ども。見えなくなるとすぐに泣きやみ、遊び出すのですが、この行動を放っておいてよいのでしょうか？	20
3〜5歳	入園まもない子が泣きながら登園したとき	入園まもない子どもが泣きながら登園したときどのように対応すればよいのでしょうか？	22
3〜5歳	家からおもちゃを持って来たとき	園に持って来てはいけないものを持って来ているのを偶然見かけました。真剣に怒りましたが問題ないのでしょうか？	24
3〜5歳	寝不足でボーッとしている子がいたとき	睡眠不足でボーッとしている子どもが登園して来ました。子どもに何と言えばよいのでしょうか？	26
3〜5歳	登園に遅れることが習慣化しているとき	保護者の仕事の都合で登園が遅くなる子どもが友だちの輪にスムーズに入れる方法はありますか？	28

登園時の保護者への言葉かけ ……………………………………… 30

| Column 1 | 社会人としての言葉づかい・身だしなみ …………………… 32 |

PART2 室内遊び編

0歳	ハイハイをしない乳児がいるとき	ハイハイが苦手な乳児がいます。すぐにハイハイはさせたほうがよいですか？	34
1〜2歳	おもちゃの取りあいがあったとき	2歳の男の子。すぐにおもちゃの取りあいで、ケンカになってしまいます。どうしたらよいでしょう？	36
1〜2歳	友だちへの噛みつきがあったとき	気に入らないことがあると、すぐに友だちを噛んで泣かせる子がいます。どう対応していいか困っています。	38
1〜2歳	片づけをさせたいとき	子どもに片づけを促しても片づけをしてくれません。効果的な言葉かけってありますか？	40

1～2歳	活発すぎて困るとき	わざと高い所に登ったり、大きい声を出したりします。こんなときどうすればよいのでしょう？	42
3～5歳	おもちゃを取りあってしまうとき	おもちゃを取りあうケンカをしているとき、どう対応すればよいのでしょうか？	44
3～5歳	運動遊びをしたがらないとき	室内で体を動かす遊びがあまり好きではない子どもへはどう対応したらよいのでしょうか？	46
3～5歳	ふざけすぎる子がいたとき	ふざけすぎて困る子どもには、どのように注意すればよいのでしょうか？	48
4～5歳	手が出るケンカがあったとき	子ども同士がたたきあうケンカを上手にとめる方法はありますか？	50
3～5歳	遊びにくぎりがつかないとき	遊んでいて片づけない子どもに効果のある言葉かけってありますか？	52
3～5歳	爪を噛むクセがある子がいたとき	気がつくと、爪を噛んでいる子どもがいます。保護者がやめさせたいと言っています。どうしたらよいですか？	54
3～5歳	絵を描きたがらないとき	絵を描きたがらない子どものやる気が出るような言葉かけってありますか？	56

年齢別・室内遊び ……………………………………………………………… 58

| Column 2 | 不快な言葉を使う子どもへの対応 …………… 62 |

PART3 外遊び・散歩編

1～2歳	自分でうまく靴が履けないとき	靴を自分で履きたがる子どもに上手に履かせる方法が知りたいです。	64
1～2歳	お散歩カーにのりたがらないとき	お散歩カーにのりたがらない子どもがいます。どのように言葉をかけたらよいのでしょう？	66
1～2歳	転んでしまったとき	子どもが公園で遊んでいるときに転んで泣いていました。適切な対応を教えてください。	68
1～2歳	順番を待てない子がいたとき	遊具の順番が待てない子どもへの対応はどうしたらよいのでしょうか？	70
1～2歳	散歩の帰り道に寄り道したとき	子どもが散歩からの帰り道、立ちどまります。早く帰りたいのですが、どうしたらよいのでしょう？	72
1～2歳	ものや人へいたずらをしたとき	私には考えられないいたずらをしています。叱ったほうがよいのでしょうか？	74
3～5歳	自分の意見を押し通すとき	年長になると、自分の意見を押し通そうとする子がいます。どうするべきですか？	76
3～5歳	花を摘んでしまった子がいたとき	花壇の花を勝手に摘んでしまった子どもに、はっきり注意してよいのでしょうか？	78

年齢	タイトル	説明	ページ
3〜5歳	虫をわざと殺してしまったとき	男の子が虫を殺してしまったときどのように指導したらよいのか分かりません。	80
3〜5歳	危険な遊びをするとき	年長クラスになると、手に負えず、危険な遊びをしたりします。どうすればよいのでしょう？	82
3〜5歳	散歩帰りに歩きたがらないとき	ふざけて歩くのを嫌がった場合の対処の仕方を教えてください。	84

ケンカの仲裁の心得 …… 86

Column 3 がんばっている自分を認める …… 88

PART4 昼食・おやつ編

年齢	タイトル	説明	ページ
0歳	ミルクを飲みたがらないとき	ミルクを乳児が嫌がるときに上手な与え方ってありますか？	90
0〜1歳	離乳食を嫌がるとき	離乳食がなかなか進まないときは、どうしたらよいのでしょうか？	92
1〜2歳	遊び食べをしてしまうとき	食事中に遊び食べをして食事が進まない子どもにはどんな言葉をかけたらよいでしょうか？	94
1〜2歳	食事に関心のない子がいるとき	食の細い、好き嫌いの多い子どもへの対応の仕方を知りたいです。	96
1〜2歳	ムラ食いが気になるとき	突然ムラ食いをはじめた子どもがいます。ムラ食いをなくす方法はありますか？	98
3〜5歳	偏食をなくしてあげたいとき	今、好き嫌いが多い子どもはちゃんと食べられるようになるのか心配です。	100

食事中の言葉かけ …… 102

Column 4 保育者同士のトラブル …… 104

PART5 衛生編

0歳	おむつ替えを嫌がるとき	いつもおむつ替えを嫌がる子どもがいます。どうしたらよいのでしょうか？	106
1〜2歳	顔や手をふくのを嫌がるとき	食事後の顔や手をふくのを嫌がるときにどう対応したらよいのでしょう？	108
1〜2歳	歯の仕上げ磨きを嫌がるとき	歯磨きが苦手な子どもに対して仕上げ磨きを嫌がらないようにする方法が知りたいです。	110
1〜2歳	トイレトレーニングに誘うとき	上手にトイレに誘うタイミングや言葉かけはありますか？	112
3〜5歳	手をなかなか洗わないとき	なかなか手を洗ってくれないときに効果的な言葉かけってありますか？	114

| 3〜5歳 | おもらしをしたとき | おもらしをしてしまったときの対処の仕方を教えてください。 | 116 |

子どものほめ方、ほめ言葉 …… 118

マミーズファミリー流 魔法の言葉かけ …… 121

PART6 昼寝編

1〜2歳	寝かしつけがうまくいかないとき	なかなか寝つけない子どもを寝かせたいのですが……。	126
1〜2歳	着替えを嫌がるとき	着替えを嫌がる子どもには、どういう対応をしたらよいでしょうか？	128
1〜3歳	指しゃぶりをやめさせたいとき	指しゃぶりをやめない子どもへの対処の仕方を教えてほしいです。	130
3〜5歳	子どもが早く起きてしまったとき	昼寝の途中で起きた子どもへの対処の仕方を知りたいです。	132
3〜5歳	着替えがうまくできないとき	着替えが自分でできない子どもに効率よく着替えさせる方法を知りたいです。	134

Column 5　仕事の優先順位 …… 136

PART7 お迎え編

0〜5歳	お迎えが遅いとき	お迎えが遅くて心配している子どもを励ます言葉ってありますか？	138
0〜5歳	保護者から相談があると声をかけられたとき	保護者に子どもの目の前でその子のグチを言われそう。どうしたらよいでしょうか？	140
0〜5歳	忘れものに気づいたとき	忘れものを見つけたときの対応をどうしたらいいか困っています。	142

保護者との信頼関係に必要な3つの行動 …… 144

Column 6　子どもにイライラしたときは …… 146

PART8 季節ごとの言葉かけ

4月	エイプリルフール、昭和の日 入園式	148	8月	お盆、終戦記念日 お泊り会	152	12月	クリスマス、大みそか クリスマス会	156
5月	子どもの日、母の日 遠足	149	9月	十五夜、敬老の日 避難訓練	153	1月	正月、鏡開き、七草、成人の日	157
6月	歯と口の健康週間、時の記念日、父の日、保育参加、参観日	150	10月	体育の日、ハロウィン 運動会	154	2月	節分、バレンタインデー 生活発表会	158
7月	七夕、海の日 プール開き	151	11月	文化の日、七五三、勤労感謝の日 作品展	155	3月	耳の日、ひな祭り 卒園式	159

この本の使い方

シーン別言葉かけ

本書は、登園、室内遊び、外遊び、食事といった園生活をするにあたり、よく見かける（言葉かけが重要となる）シーン別に紹介しています。
その中で、0歳、1～2歳、3～5歳といった年齢別に対応できるようになっています。
紹介している言葉は、ほんの一例で、この言葉だけが正解というわけではありません。
この言葉を参考にして自ら考え自分の言葉で伝えられるような構成になっています。

A こんなときどうする？
保育者の日常にある、子どもと保護者への言葉かけで困ったことや悩みの内容をのせています。

B 対象年齢
何歳の子どもに対する言葉かけなのかが分かるようになっています。

C シーン別
登園編、室内遊び編などのシーンがすぐに分かるようになっています。

D シチュエーション
より詳しくトラブル内容（できごと）をイラスト入りで説明しています。

E 保育者の行動
やっちゃった……という保育者のNGな行動をイラスト入りで説明しています。

F 保育者の心の中
保育者の不安や嘆き、人には言えない心の叫びをのせています。

G 注意ポイント
シチュエーションに対して、普段なにげなくやっている保育者のNGな言葉かけや行動を紹介しています。

H こんなときに使えるHAPPY言葉
シチュエーションに対して、「こんな言葉をかけたらうまくいく」という、みんなが幸せになれる言葉（一例）をのせています。

I HAPPY言葉の意味
この言葉を使うことをおすすめする理由です。

J 重要ポイント、その他
問題解決への大切なポイント、保護者への言葉かけの方法や対応の仕方などをのせています。

PART 1

園生活での言葉かけ
登園編

保育者にとって登園時間は、
保護者とかかわることができる大切な時間です。
1日を気持ちよくスタートできる言葉かけを紹介します。

子どもを受け取るとき

登園編 0歳

0歳クラスの担任になるのが初めてです。朝の対応で何か気をつけることはありますか？

シチュエーション

朝、保護者と乳児の登園です。

「おはようございます。」
スヤスヤ

保育者の行動　NG

① 「早く受け取りをしなくちゃ！」と思い、とっさに乳児を抱っこしました。

「おはようございます。あずかりますね。」
「えっ?!」

② ビックリした乳児は泣き出してしまい、保護者は少し怒ってしまいました。

「ギャーッ」

保育者の心の中

そんなつもりじゃないんです……

保護者から、乳児を預かろうとしたら、寝ていた乳児が起きて泣き出してしまい、保護者に不機嫌な顔をされてしまったけれど、私、嫌われたかな？
次から話しかけづらくなっちゃうかな？　そんなつもりじゃなかったのに……。どうしたらよかったんだろう？

注意ポイント

NG言葉＆動作

・保護者との話が伝達だけの事務的な話し方になっている。
・乳児と何も話さずに受け取っている。

朝は忙しい時間だからとサッサと話を切りあげようとしていませんか？

こんなときに使える HAPPY 言葉

> おはよう！（乳児に）
> おはようございます！（保護者に）
> 今日も変わりないですか？

何かこの人 いい感じ♡

HAPPY言葉の意味

　朝、忙しい時間とはいえ、保護者となるべくなごやかに話す習慣を身につけましょう。0歳の子どもを預ける保護者は、本当はもっと子どもと触れあいたいのに仕事があるので、自分の中で子どもへの思いを断ち切って預けに来ます。
　その思いを汲み取り、保護者が安心して園に預けられる信頼関係をつくることが重要です。
　連絡帳を見ながら、「昨日、そんなことがあったんですね〜。楽しかったね〜」など、保護者と乳児の両方に声をかけながら、リラックスして話をするようにしましょう。

重要ポイント

保護者と話しながらチェックすること

　0歳クラスの乳児は自分で話すことができないので、保護者からの前日の情報と保育者が目で見て、いつもと違うところがないかどうかを見極めることがとても重要になります。
　とくに乳児の体に傷などがないかのチェックは必ず行いましょう。万が一、虐待などの可能性がある場合は、上司に相談しましょう。

朝のチェックポイント

- ミルクを飲んだ時間と量（離乳食を食べた場合は食べたものと時間と量）
- 就寝時間と起床時間
- 検温（抱いて熱感がないか？）
- 園児の機嫌はどうか？
- 顔色
- 傷跡などの体の変化

ジェスチャーポイント

乳児でも人として接する

　言葉が話せない乳児でも、「一人の人」として尊重しながら対応をしましょう。たとえば、乳児の目を見て「おはよう」と声をかけます。まずは、大人が乳児にやって見せるという行為がとても大切なのです。

> おはよう。ごきげんいかが？

登園 / 室内遊び / 外遊び・散歩 / 昼食・おやつ / 衛生 / 昼寝 / お迎え

抱っこで受け入れるとき

登園編　1〜2歳

保護者から離れない子どもを無理に引き離すと、さらに大泣きします。受け入れのコツはありますか？

シチュエーション

2歳のAちゃん。抱っこされて「ママと離れたくないよ〜」と泣きながら登園してきました。

「ママと離れるのいやだよー！」

保育者の行動　NG

子どもが泣いているので、保護者が出勤できないだろうと思い、「すぐにママが来るからね」と言って子どもを強引に引き離したところ、さらに大泣き……。保護者がその場を離れられなくなってしまいました。

「すぐママくるから」

保育者の心の中

心配なのは分かるけど……

子どもはお母さんがいなくなれば、あきらめて泣きやむもの。保護者も心配なのは分かるけど、気持ちを切り替えて、子どもを置いて早く出勤してくれればいいのになぁ〜。
このままだとなかなか泣きやまない。どうしよう!?

注意ポイント

NG言葉＆動作
- 子どもを突然抱っこする。
- 「ママ、お仕事がんばってね〜」と泣いている子どもに強引に手をふらせる。

よかれと思ってした行動なのに子どもから抱っこを拒否され、あせっていませんか？

こんなときに使えるHAPPY言葉

抱っこしてもいいですか？
（保護者に確認を取る）

この人信頼できそう

HAPPY言葉の意味

このような状況のときは、「子どもを抱っこして、保護者と引き離す」ことが重要ではなく、「保護者の不安を取り除く」ことが重要になります。

出勤前に子どもに泣かれたことで「子どもを預ける」ことに不安を抱いて、その場を離れられないでいる保護者の気持ちを汲み取り、まずは保育者のあなたが保護者に代わって子どもを「抱っこをすること」を了解してもらいましょう。

「今は泣いているけれど、この人なら安心して預けられる」と思えば、保護者も安心してその場を離れることができます。保護者と早く離れられれば、子どもも気持ちの立て直しがうまくできるものです。

重要ポイント

抱っこは必ず子ども側にまわる

保護者に抱っこの同意を得たら、子どもの顔が見えるほうに、まわり込んで抱きあげるのがポイントです。泣いている子どもを無理に引き離そうとすると、子どもはますます離れたくないとかたくなな気持ちになり、事態は悪化してしまいます。

子どものそばまで保育者自らが動き、「おいで」と優しく手を差し出して抱っこをしてみましょう。

保護者の了解を得たら、まず子どもの顔がどこにあるかを確かめます

必ず、保育者が子どもの顔の近くまで動き、手を差し出して抱っこをします

子どもへの対応

子どもに共感する

「お母さんがいいよね〜。お母さんの代わりに私が一緒にいるからね」と子どもの気持ちを受けとめ、スキンシップで不安を和らげましょう。

子どもをひざの上で優しく抱きしめ、「よしよし」と背中をトントンするのも効果的です。

この行動は担任が行うのが理想ですが、いない場合は「○○先生が来るまで待っていようね〜」と言葉をかけてあげましょう。

登園編 1〜2歳

大泣きしながら登園したとき

子どもが大声で泣きながら登園して来るときの対応に今いち自信が持てません。

シチュエーション

2歳6ヵ月のAちゃん。「今日着てきたかった洋服が違う」と大泣きしながら保護者と登園してきました。保護者は、疲れ果てています。

保育者の行動　NG

① 「そんなことで泣かなくていいよ〜」と言いました。

「そんなことで泣かなくていいよ」

② それでも、子どもが泣き続けているので「その服、にあっているよ」とほめ言葉をかけました。

「この服、にあうよ」

保育者の心の中

ほめているのに、うまくいかない……。

子どもは、ほめて伸ばすのが基本だから、着ている服をほめたのに何が気に入らないんだろう？
もう少し喜んでくれてもいいのになぁ……。ほかにもっと上手な言葉かけがあるのかな？
どうしたらいいのか分からない。

注意ポイント

NG言葉＆動作
・「そんなことくらいで泣かなくてよい」と決めつける。
・「こだわりの強さ」を「ワガママ」と決めつけて、泣きやませようとする。

子どもの気持ちを抑えつけて自立心を奪ってしまっていませんか？

こんなときに使える HAPPY言葉

> 今日は○○が（その子が着たい服）よかったんだよね。でも、この服でよく来たね！

そうなの。ガマンしたんだよ!!

HAPPY言葉の意味

「こうしたい」「こうでないと嫌だ」と自分で決められるようになってきた2歳児。ときには自分の思いを通そうとして、手をつけられないほど抵抗することもありますが、子どもの心が自立に向かっている証拠です。まずは「嫌だったんだね」と子どもの気持ちに共感しましょう。

そのあと「でも○○ちゃん、よくこの洋服で来たね、すごいね」とプラスの言葉で大いに認めてあげましょう。自己主張を否定したり、突き放したりせず、基本的には自分の思いが周囲に受けとめられるという経験が重要になります。

重要ポイント

こだわりがあるのは2歳児の特徴

お気に入りの服ばかり着たがる、ミニカーや絵本をキレイに並べるなど、何かに強いこだわりを見せるのは、この年齢の特徴のひとつです。

それが「その子らしさ」で、「私が私らしく生きたい」ということの表れなのです。

こだわる気持ちを受けとめるだけで、子どもは安心して気持ちが落ち着くものなのです。

保護者への言葉かけ

保護者への共感

自己主張ばかりする子どもに毎日のようにふりまわされ、そのイライラがピークになると、保護者の中には「うちの子、最近、扱いにくくなった」という思いが生まれることも……。

まずは、保護者から「なぜ泣いて登園してきたのか」の話をひと通り聞き、そのあとに「押し問答になって大変でしたね」と保護者の思いに共感する言葉をかけましょう。

「一緒に成長を楽しみましょう」というメッセージも忘れずに。

大変でしたね

登園編 1〜2歳

登園が遅くなった子がいたとき

登園が遅くなった子どもを
すんなり保育に入れる方法はありますか？

サイドタブ: 登園 / 室内遊び / 外遊び・散歩 / 昼食・おやつ / 衛生 / 昼寝 / お迎え

シチュエーション

保護者の仕事の都合で登園が遅くなってしまった2歳のBちゃん。10時ごろに登園してきました。

保育者の行動　NG

① 「みんなと遊んでおいで〜」とみんなの輪の中に入るように促しました。

② 1人でポツンとしているのですが、自分で遊びを見つけるだろうと思い、そのまま放置しました。

保育者の心の中

かわいそうだよね

1人でポツンといるのは、登園が遅いから……。友だちの中に入れなくて見ているだけで、かわいそうなんだけど、私もほかにやることがあるから、かまってあげれなくてごめんね。
きっと大丈夫だよね。

注意ポイント

NG言葉＆動作

- 「おいで〜、○○ちゃんも遊んでるよ〜」と声をかけるだけで、その子にかかわらない。
- 無理やりみんなと一緒に遊ばせようとする。

放っておけば「自分から遊びを見つける」と思っていませんか？

こんなときに使えるHAPPY言葉

> 何して遊ぶ？
> 一緒に○○（その子の好きな遊び）で遊ぼうか？

嬉しいな！！

HAPPY言葉の意味

2歳児はまだ、1人遊びが中心。登園が遅れたからといって、みんなと一緒に無理に遊ばせる必要はありません。

登園後はしばらく子どもの様子を遠くから見守ります。いつもと違う状況にとまどい、子どもが遊びを見つけられないと判断したときは、子どものそばに行き「一緒に○○して遊ぼうか？」と声をかけましょう。

保育者は子どもが1人でも夢中になって遊べるようになるまで、そばにいてあげましょう。そのまま放置し続けるのはNGです。

重要ポイント

その子が好きな遊びで誘う

たとえばその子が積み木が好きであれば、一緒に積みあげて、ひとつの完成形ができるまで、そばで見守り、できあがったときには「わ～。できたね～。すごい！！」などと言葉をかけましょう。子どもとともに「やった！」「できた！」という喜びや達成感を一緒に感じ取ってあげます。

そんなときのためにもクラスの子どもが、どんな遊びが好きかを把握しておくことは、とても重要です。保育者がその子の好きな遊びで誘ってあげたほうが、すんなり子どもも遊びに集中できるからです。

すごいねー

ステップアップ！ポイント

話を聞く姿勢

10時など通常の登園時間外に子どもが登園してきたとき、子どもには「待っていたよ～」と声をかけましょう。

保護者には「大丈夫ですか？ 何かありましたか？」と心配そうに声をかけて話を聞きましょう。

このとき、保護者の話が最優先です。保育者は、何か別の作業をしていたら、その作業をやめて体を保護者に向け、目を見て話を聞きましょう。

登園 / 室内遊び / 外遊び・散歩 / 昼食・おやつ / 衛生 / 昼寝 / お迎え

朝のあいさつをしないとき

登園編 　3〜5歳

> 教育熱心な保護者が子どもにあいさつを強要しています。
> 私はどう対応してよいかが分かりません……。

シチュエーション

4歳A君。保護者と一緒に登園です。朝のあいさつをしないので保護者から「あいさつをしなさい」と言われています。

（母）「おはようございますは？」
（子）「…」

保育者の行動　NG

子どもがあいさつをしないので、つい保護者の味方のように「おはよう」を強要してしまいました。

（保育者）「おはようと言ってみようか」
（母）「早く言いなさい！」

保育者の心の中

どうしたらよいのかが分からない……

お母さんの言うことを尊重してみたものの、子どもが気後れしている姿を見て見ぬふりはできない。私は、どう受け答えすればよかったのだろう。
本当にかわいそうだった……。

注意ポイント

NG言葉＆動作
・子どもの様子を観察しないで、あいさつを強要する。
・大人のものさしで、子どもにあいさつさせようとする。

あいさつができる子はいい子だと決めつけていませんか？

登園 / 室内遊び / 外遊び・散歩 / 昼食・おやつ / 衛生 / 昼寝 / お迎え

> **こんなときに使える HAPPY 言葉**
>
> 本当はあいさつしたかったんだよね。分かっているから大丈夫だよ

> 先生は分かってくれている♪

HAPPY言葉の意味

子どもにあいさつを強要するのは、「あいさつをきちんとできる子にしたい」という大人の見栄が隠されています。保育者の立場としては、子どもに無理にあいさつをさせるより、大人同士が温かいコミュニケーションを取っているほうが大切です。

子どもは子どもなりに、本当は「あいさつしなくちゃ」と思っています。その気持ちを受けとめ、保護者と離れ、2人きりになったときに、そっと「本当はあいさつしたかったの分かっているよ」と、優しく言葉をかけてあげましょう。

重要ポイント

言葉をかけるシチュエーションが大事

この言葉は、できるだけ子どもと2人きりのときにこっそり伝えましょう。登園のとき、「お母さんに怒られているのを友だちに見られて、恥ずかしい」という気持ちが生まれたかもしれません。

子どもにとっての「失敗体験」なのに、さらにみんなの前で「さっき、あいさつできなかったけれど、本当の気持ち分かっているよ」と保育者が言ってしまうと、その子にとっては、さらに恥ずかしい思い＝失敗体験の上塗りになってしまいます。

子どもと保育者の信頼関係を築くうえでも、必ず、2人になれるときを見計らって言いましょう。

> みんなに見られてはずかしい……

保護者への言葉かけ

保護者に気持ちを伝える

しつけに熱心な保護者に対して、どう対応していいか、迷う場面は少なくないと思います。

保護者には「今はできなくても、きっとできるようになるから大丈夫ですよ」と、あいさつが今できなくても平気だということを伝えます。そして、そのあとに必ず「私は気にしていません」という言葉を笑顔で伝えてみましょう。

こうすることで、保護者が「あいさつしなさい！！」と子どもに強要してもうまくあいさつをさせることができず、引くに引けなくなったバツの悪さをフォローすることができます。

登園 / 室内遊び / 外遊び・散歩 / 昼食・おやつ / 衛生 / 昼寝 / お迎え

泣くことが習慣になっているとき

登園編　3～5歳

保護者との別れが悲しくいつも泣く子ども。
見えなくなるとすぐに泣きやみ、遊び出すのですが、
この行動を放っておいてよいのでしょうか？

シチュエーション

入園して1ヵ月のCちゃん。登園するときには、必ず泣いてしまいます。いつものように保護者と別れるときに泣き出しました。

保育者の行動　NG

いつも泣くので「また、泣いてるの？」と言ってしまいました。

「また泣いてるの？」

→ 数分後

保護者がいなくなるとすぐに泣きやんで遊び出しています。

保育者の心の中

泣くのが儀式のようにも思えてしまう……。

保護者がいなくなると泣きやんで遊びはじめる姿に唖然……。泣くことが儀式のようにも見えるが保護者に伝えたほうがよいのか、このまま見守ればよいのか……。どうしたらいいの？

注意ポイント

NG言葉＆動作

・「また泣いてるの？　恥ずかしいな～」と子どもが傷つくようなことを言う。

「いつもケロッと泣きやんでますよ！」と、保護者に伝えたいと思っていませんか？

こんなときに使えるHAPPY言葉

（保護者の顔を見てニッコリと）
一緒に「いってらっしゃい」しようね〜

安心、安心

HAPPY言葉の意味

大泣きしながら保護者を見送っていても、見えなくなるとケロッとして遊びはじめる、という子どもの行動はよくあります。泣いて保護者とバイバイするのが習慣になっていたり、自分の務めだと儀式化しているのかもしれません。

このような子どもの行動は、保護者の潜在意識と深くかかわりがあるといってもよいでしょう。まずは、保護者が安心して子どもを園に託すことができるよう、親しみと愛情を持って、子どもと一緒に保護者の見送りをしてみましょう。

重要ポイント

保護者と保育者の関係をよくする

子どもが園に慣れないことへの不信感や、仕事に向かうことへの罪悪感（心の揺らぎ）など、保護者の不安や動揺は子どもへ敏感に伝わります。

保育者は、保護者とのコミュニケーションを積極的に取り、保護者が園や子どもに対してどんなことに不安を持っているかを聞いてあげましょう。

ほかにも、子どもに「お部屋に入って、今日もあの大好きな積み木の続きをしようね」とか「今日も○○ちゃんが待っているから行こうね」といった言葉をかけ、そういった姿や行動を見ているうちに、「この子にとって園は楽しいところなんだ」と保護者にも間接的に理解してもらうのもひとつの方法です。

ジェスチャーポイント

手をつないでお見送りをする

子どもと保育者が手をつないで、保護者の顔を見ながら「いってらっしゃい」と手をふることがとても大事です。最初は、泣き別れが続いていてうまくいかないかもしれません。

でも、あきらめず、毎日必ず続けてください。その行動から、保護者が担当の保育者や園に信頼感を持ってくれます。そうやって、少しずつ保護者との信頼関係を築きあげることで、子どもも儀式のように泣かなくなるでしょう。

登園 | 室内遊び | 外遊び・散歩 | 昼食・おやつ | 衛生 | 昼寝 | お迎え

登園編 3〜5歳

入園まもない子が泣きながら登園したとき

入園まもない子どもが泣きながら登園したとき どのように対応すればよいのでしょうか？

シチュエーション

4歳Dちゃん。「園に行きたくない」と泣きながら登園してきました。保護者も困っているようです。

「行きたくないよ〜」

保育者の行動　NG

「どうして泣いているの？ 泣かないで遊ぼうよ」と声をかけました。

グスンッ
「泣かないで遊ぼうよ」

保育者の心の中

どうすればいいんだろう？

あ〜。また4月が来ちゃった。子どもたちが慣れるまで大変だ。それにしても、Dちゃんはいつまでも慣れないな。早く慣れてくれればいいのに……。
どうしたらいいのかなぁ。

注意ポイント

NG言葉＆動作
・無理に泣きやませようとする。
・泣いているのに遊びに誘おうとする。

泣いている子どもの気持ちを受けとめないまま自分の気持ちを押しつけていませんか？

登園 ｜ 室内遊び ｜ 外遊び・散歩 ｜ 昼食・おやつ ｜ 衛生 ｜ 昼寝 ｜ お迎え

こんなときに使えるHAPPY言葉

> そうだね、お母さんと一緒にいたかったんだよね

> そう。一緒にいたかったんだ

HAPPY言葉の意味

子どもがワンワン泣いているときに「どうしたの?」と理由を聞いても、なかなか気持ちをコントロールすることは難しいでしょう。

そんなときは集団の保育に入る前に、抱っこや頭をなでたりなどのスキンシップを取って、落ち着かせてから、子どもの今の気持ちに寄り添って話を聞くことが大切です。また、話を聞くのは子どもと信頼関係のある保育者(担任)がベストです。

子どもの気持ちを代弁しながら、じっくりと耳を傾けましょう。

重要ポイント

まず大好きな先生になる

子どもは、大好きな友だち、大好きな遊び、大好きな先生の3つの好きの対象があれば、園の生活が楽しくなるものです。入園、転園まもないころは、まだ楽しいことが見つかっていないため、子どもは登園することを嫌がってしまうことがあります。

保育者は「大好きな友だち」ができるように見守りましょう。そして保育者自身が「大好きな先生」として子どもに信頼してもらえるように子どもとかかわっていきましょう。

保育者は子どもの目の高さまでしゃがみこみ、子どもの話に共感しましょう

保護者への言葉かけ

家族に赤ちゃんがいるとき

子どもが泣く理由として、その子の下に赤ちゃんがいることも考えられます。園に行っている間に、お母さんと赤ちゃんが2人きりになることに嫉妬し、心配になるのです。

保護者は「お兄ちゃん、お姉ちゃんだからがんばってね」と声をかけがちですが、子どもは十分がんばっています。言葉でがんばらせるのではなく、ご家族に協力してもらって「赤ちゃんをご家族に預けて、お母さんとその子どもと2人だけの時間をつくってみるのもおすすめです」と提案してみましょう。

家からおもちゃを持って来たとき

登園編 3～5歳

園に持って来てはいけないものを持って来ているのを偶然見かけました。真剣に怒りましたが問題ないのでしょうか？

シチュエーション

登園した5歳のB君とC君。保育室の片隅でコソコソ何かをしています。

保育者の行動 NG

近寄ってみると保護者に内緒でお菓子についている流行のシールを持って来て交換しようとしていたので「ダメでしょう！」と真剣に怒りました。

「コラ‼ ダメでしょう‼」

保育者の心の中

怒って大丈夫だったよね？

今、流行っているから持って来たくなるという子どもの気持ちは分かるけど、ほかの子の手前、怒って、カードを取りあげちゃった。
きつめに怒っちゃったけど平気かな？

注意ポイント

NG言葉＆動作
・頭ごなしに「持って来ちゃダメでしょー」と怒る。
・「しょうがないなあ、今日だけだよ」と許す。

子どもの気持ちも分かるし……と一貫性のない態度を取っていませんか？

こんなときに使えるHAPPY言葉

これって持って来てもよかったのかな？

あっ！！ダメだったんだ……

HAPPY言葉の意味

こういう場面で、保育者が頭ごなしに「園に持って来ちゃダメでしょ」と叱ったり、ものを取りあげてしまうことはやめましょう。そうすると、子どもが自分で問題を解決することができなくなってしまいます。

保育者は「どうしたらいいと思う？」、「次からどうすればいい？」と言葉をかけるだけ。あとは子どもに考えさせ、その解決方法を実践させましょう。大人が頭ごなしに「持って来ない」ことを決めるのではなく、子ども自身で考えさせ自分で「持って来ない」と決めさせることが重要なポイントです。

重要ポイント

子どもの自律とは？

年長児のテーマのひとつに「自律」があります。自律とは、子どもが生活の約束を守ったり、大好きなおもちゃを友だちに貸してあげることを自分で決めたりなど、小さなガマンの積み重ねをしながら、人として成長していくことです。

大人の判断ばかりでは、子どもの自律の精神を育てることはできません。

今度からはおもちゃは持ってこないでおこう!!

さらなる言葉かけ

子どもが言い訳をしてきたら

「○○君も持って来ていた」と言い訳を言い出したら、「分かったよ。じゃあ、○○君も出してみて」と一度子どもの気持ちを受けとめます。そして、「それで、これって持って来てよかったんだっけ？」ともう一度聞いてみましょう。

「しょうがないなぁ、じゃあ今日だけ特別だよ」と許すなど保育者が一貫性のない態度を取るのはやめましょう。子どもが結論を決められるように待つことも大切です。

今日だけいいよ ×
ラッキー！

※シールやおもちゃなど、私物を園に持って来ていいかどうかは、園の方針によって異なります。ダメな場合は、保護者に対する事前の説明が必要になります。

登園 / 室内遊び / 外遊び・散歩 / 昼食・おやつ / 衛生 / 昼寝 / お迎え

登園編 3〜5歳

寝不足でボーッとしている子がいたとき

睡眠不足でボーッとしている子どもが登園して来ました。
子どもに何と言えばよいのでしょうか？

シチュエーション

今日は明らかにボーッとしている3歳8ヵ月のD君。保護者いわく、夜中1時まで起きていたようで、無気力に見えます。

保育者の行動　NG

みんなで話を聞くときに眠そうにしていたので「あら、夜ふかししたの？」と言ってしまいました。

「D君!! 夜ふかし!?」

保育者の心の中

起きて!!!

うちで夜ふかしするのは子どもの体によくないことだわ。
保護者は何を考えているのかしら？
園は集団行動だから1人だけ昼寝をさせることはできないのよ！

注意ポイント

NG言葉＆動作
・寝不足でボーッとしているD君に、無理やりちゃんとさせようとする。

夜ふかしをするのが悪いのよ！　と責め続けていませんか？

こんなときに使える HAPPY言葉

（帰り際に）
今日はすごく眠くてつらかったよね。
お昼寝でも早めに起きたから、
おうちでは早く寝ようね〜

分かった

HAPPY言葉の意味

子どもは眠くてつらいはずなのに、がんばって登園して来ています。保育者は、「また夜ふかししたの？」などの言葉はかけず、その子が1日具合が悪くならないかどうか見守りましょう。

そして子どもが帰る前に「今日は眠くてつらかったね〜。今日は早く寝ようね」と子どものがんばった気持ちに共感してあげましょう。

また、通園には体のリズムを規則正しくするという効果もあるので、子どもが大人のペースにあわせすぎないように、保護者に協力を促しましょう。

重要ポイント

お昼寝の時間

3〜5歳児は集団生活がはじまっているので、0〜2歳のように、寝不足ならすぐに寝かせて生理的欲求を満たしてあげるような、生活リズムにあわせた臨機応変な対応をしてあげることができません。

園でできる対応としては、お昼寝の時間で調整することだけです。お昼寝は長めに取るのではなく、遅くても15時前に起こすと夜の就寝時間の妨げになりません。

「15:00だよー 起きてー」

保護者への声かけ

言葉じりに注意して伝える

お迎えのときに「今日は15時に起こしたので、おうちでも早く眠くなると思います」などと伝えましょう。

子どもを寝不足にしてしまって、いちばん後悔しているのは保護者のはずです。寝不足を責めたりせずに、できれば「21時くらいには寝かせてほしい」ことを分かってもらいましょう。このとき、否定する言葉を使わないように注意して言葉を選びます。

登園 / 室内遊び / 外遊び・散歩 / 昼食・おやつ / 衛生 / 昼寝 / お迎え

登園に遅れることが習慣化しているとき

登園編 3〜5歳

保護者の仕事の都合で登園が遅くなる子どもが
友だちの輪にスムーズに入れる方法はありますか？

シチュエーション

保護者の仕事の都合で、いつも登園が10時を過ぎるEちゃん。

保育者の行動　NG

毎回のことなので慣れてしまい、「また遅れたの〜」と言って、そのあとは子どもの好きなようにさせています。

「今日も遅かったねー」

保育者の心の中

いつもだから……

毎日毎日遅れてくるから、あまり気にかけずに放っておくのがいちばん。
それより、私はほかの子どもたちとみんなで遊んでいるから、そちらを優先させたいなぁ。

注意ポイント

NG言葉＆動作

・「今日も遅かったね〜」と、子どもの前で非難するようなことを言う。

「こんな時間に、また遅れてきたんだ……」という嫌な雰囲気をなにげに出していませんか？

こんなときに使えるHAPPY言葉

大丈夫だからね〜
（遅れてきた子に）

○○ちゃん来たよ〜
（ほかのみんなに）

○○ちゃん　おはよう

○○ちゃん　おはよう

HAPPY言葉の意味

3〜5歳は集団保育をしているので、いつも遅刻をしている子どもは、バツが悪いと感じているのでしょう。その場の空気を読んで、「みんなの中に入りにくいなぁ」と気後れしているのかもしれません。

まず保育者は、遅れてきた子どものそばに行って「大丈夫だからね」と声をかけて、その子の不安を取り除いてあげましょう。

それから、仲よしの友だちに「○○ちゃん来たよ〜」と声をかけて、その子が登園してきたことを伝え、自然に友だちと一緒に遊び出せるような雰囲気を演出してあげましょう。

重要ポイント

子どもに「早く行きたい」と言わせる

園に早く来てもらうようにする、いちばん効果的な方法は、子どもからお母さんに「保育園に早い時間に行きたい」と直接言ってもらうことです。

そして、子どもが園に時間通りに来られたときがチャンス!!　そんなときは「今日はいつもより早く来られて、すごいね〜」と思い切りほめてあげましょう。

（朝、早く登園したい）

保護者への言葉かけ

気後れさせない

このような場合、保育者に「気後れしている」保護者がほとんどです。

私たち「保育のプロ」は、保護者に「申し訳ない」という気持ちを持たせるのではなく「保護者をサポートするのが仕事」だということ、そのために「一緒に子育てを楽しむ姿勢でいること」を伝えていきましょう。

「想像しかできませんが、お仕事大変なんでしょうね。大丈夫ですか？」などと保護者の「大変さ」に共感する言葉をかけましょう。「大変さ」を共感してもらえるだけで、保護者の保育者への信頼度はグッとあがります。

また、多忙な保護者は、園外保育など、集団行動のスケジュールをプリントで配布、事前告知していても、把握していない、または忘れてしまう場合が多いでしょう。

保育者は、先まわりして「明日の朝は少し遠くの公園に行くので、9時半には間にあうように来てください」など、個別で伝え、サポートしていきましょう。

（どうもすみません）

登園　室内遊び　外遊び・散歩　昼食・おやつ　衛生　昼寝　お迎え

登園時の保護者への言葉かけ

保護者との信頼関係を結ぶには、まず朝の対応が肝心!!
その心構えを紹介します。

ポイント1 目を見てあいさつをする

あいさつは心を込めて保育者から先に保護者にしましょう。

ポイントは、お辞儀のタイミング。

「おはようございます」と言いながらお辞儀をする「ながれ礼」ではなく、目を見て「おはようございます」と言ってから頭を下げます。

保護者と目をあわせてからお辞儀をするのとしないのでは印象がかなり違います。

○ 保護者の目を見てあいさつをしてから、お辞儀をすれば好感度アップ！

× あいさつとお辞儀を一緒にすると、言葉もモゴモゴ。印象があまりよくありません

ポイント2 両手で荷物を受け取る

保護者との信頼関係をつくるには、まず保育者が保護者に「この先生、信頼できるかも？」と思ってもらう行動ができるかどうかです。たとえば荷物の受け取り。まだ小さい子どもの場合、保護者が子どもの代わりに荷物をロッカーなどに入れます。

そのときに「荷物をお預かりしますよ」と保護者に言葉をかけて荷物を受け取ってみましょう。必ず両手で受け取るのがポイントです。片手で荷物を受け取るのと両手で受け取るのとでは、受け渡す側（保護者）の印象がまったく違います。

保護者への尊敬と「今からお仕事がんばってください」と心を込めて、両手で受け取りましょう。

「大切なお子さんを責任を持って預かります」と心を込めて、荷物を両手で受け取ります

ポイント3 ながら作業であいさつをしない

登園の忙しい時間、保育者はいろいろしなければならないことがありますが、保護者と子どもが登園してきたときは、何か作業をしていてもその作業をやめてあいさつ、視診、問診をしましょう。

とくにコミュニケーションがあまり取れていないと感じる保護者に、作業の手をとめて自分から近づいていき、子どもの様子など、気になることを顔を見て伺うようにしましょう。

どうしても手が離せないときは、先に顔だけ向けて、あいさつをしてから保護者にかけ寄りましょう

ポイント4　子どもと一緒に「いってらっしゃい」

　保護者が安心して子どもを預けられるように、保育者は子どもを抱っこするか、手をつないで保護者を見送ります。1〜2歳児の子どもには、保護者の顔を見て「いってらっしゃい」を言うように言葉をかけましょう。

　登園のとき、保護者は今から仕事に向かう忙しい時間ですが、子どもから「いってらっしゃい」と目を見て言われることで、「よし!!　今日も1日がんばろう!」と気持ちの切り替えができます。

子どもから笑顔で「がんばって〜」と見送りをされることほど、保護者にパワーを与えるものはありません

ポイント5　判断しにくいこともプロとして対応する

　たとえば、具合の悪そうな子どもが登園してきたとき。プロの保育者として、保護者にできないことはできないと伝えなければなりません。

　「言いにくいし、預かるしかない……」と思い、預かってしまうというのはプロとして失格です。保育園のガイドラインに基づいて判断（検温、視診など）し、預かれると判断したときは、緊急時に備えた連絡先を再度確認します。

　預かれないと判断したときは、きちんと「今の状態だと集団保育をするのは難しい」ことを伝えましょう。

　ただ、このとき「預かれない」の一点張りで終わらせようとするのではなく、そのあとに病児保育、ベビーシッター、ヘルパーさんの情報を一緒に探してあげましょう。

　ほとんどの場合、このようなケースの保護者は子どもが体調不良であるのを知っていて連れてきます。それは、預けてでも仕事に行かなくてはならない理由があるからです。

　その気持ちを十分理解し、「お休みが続くとお仕事大変ですよね。大変なのは分かっています。大丈夫ですか?」など、"大変なのは理解していますよ"というメッセージを保護者に伝えます。「大変なのを理解してもらえる」その気持ちだけで保護者の張りつめた気持ちは楽になります。もし自分で判断できないときは、上司やその時間の責任者に聞きましょう。

子どもがぐったりしていても、仕事に行かなくてはいけない保護者の気持ちを考えましょう

朝の個別対応はチームワークでのり切る

　朝の受け入れは、個別対応をすることが多いです。そのため、チームワークがとても重要になります。保育者が「困ったな」と思う子どもには、その場で手をかける必要があります。

　「担任だから私がすべてやらなくては……」と自分1人で抱え込まず、ほかの保育者に手伝ってもらいましょう。

　チームでともに働いているという意識を持ち、協力しあえる体制を考えましょう。

Column 1
社会人としての言葉づかい・身だしなみ

保護者に信頼されるには第一印象が大切です。
そのためにどんな言葉づかい
どんな服装をすればいいのかをまとめてみました。

言葉づかい

子どもは大人の言葉を聞いて、言葉をマネて言葉を覚えます。そのため、保育者はどんなに仲がよい人でも、節度ある言葉づかいをしなくてはなりません。保育者同士の会話も「です・ます」をつけて話しましょう。

方言や何にでも「お」をつけたり、「○○でちゅね」という赤ちゃん言葉は勤務時間内は使わないように心がけます。

とくに気をつけたいのが保護者との会話。保護者とは年齢を問わず、敬語・丁寧語で話すようにします。保護者の名前を呼ぶときは、一人の人として尊重するため、「○○君のお母さん」ではなく、○○さん（名字か下の名前で）と呼びましょう。

身だしなみ

髪の毛
抱っこしたときに子どもの顔にかからないように長い髪はひとつにまとめ、できる限り小さなヘアピンは使用しない

アクセサリー
ピアス、イヤリング、ネックレス、ブローチなどの着用はNG

化粧
華美になりすぎないように。目元を強調するメイクは控える。香水はNG

指先
色のついたマニキュアは控える。爪は短く切りそろえる。手荒れがないようにハンドクリームを塗る

足元
靴下はシンプルなものを

保護者から信頼されるには、まず服装をととのえることから、はじめましょう。「かわいい」、「おしゃれ」などではなく、「清潔感」を与えることを念頭におきましょう。

保護者や上司から言われたことを忘れないためにメモ帳とペン、汗を拭く・鼻をかむなどがすぐにできるようにハンドタオルやティッシュは必ず身につけておきましょう。

PART 2

園生活での言葉かけ
室内遊び編

子どもの年齢によって遊び方は違ってきます。
保育者は子どもたちの年齢にあった言葉を笑顔でかけて
子どもたちに楽しい遊び時間をつくってあげましょう。

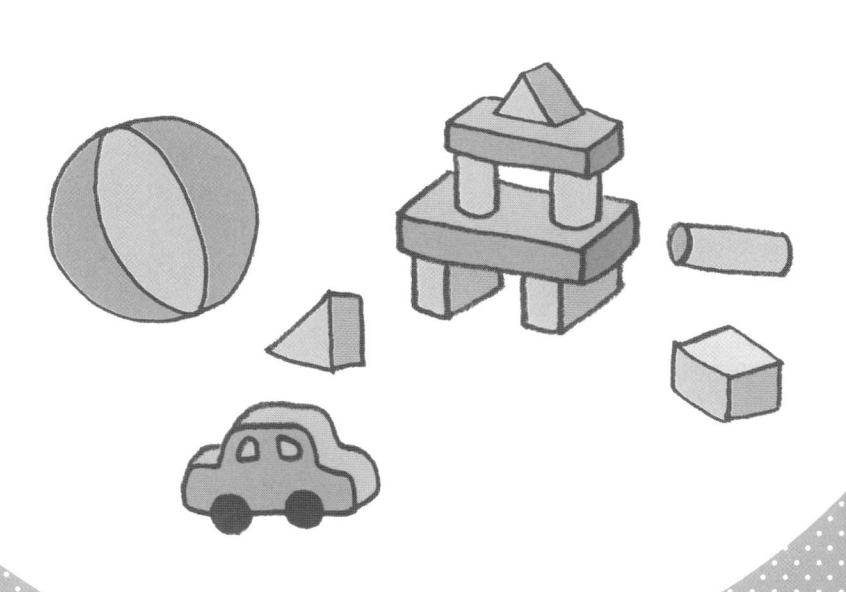

室内遊び編

0歳

ハイハイをしない乳児がいるとき

ハイハイが苦手な乳児がいます。
すぐにハイハイはさせたほうがよいですか？

シチュエーション
9ヵ月のBちゃん。ハイハイをしないで、いきなり、つかまり立ちをしようとしています。保護者からも相談されています。

保育者の行動　NG
いきなりつかまり立ちをしようとするのが心配になり、「この子、ハイハイしないのよね〜」とほかの保育者に相談しています。

「この子、ハイハイしないのよね〜」

保育者の心の中
大丈夫かな？
ハイハイせずに、いきなりつかまり立ちをはじめようとしているけど、それができるのなら、それでいいのかな？　保護者からも相談されたし、どう答えたらいいかが分からない。大丈夫かな？

注意ポイント
NG言葉＆動作
・「この子、ハイハイしないのよね〜」と決めつけて、それをその子どもの前で話している。
・「大した問題ではない」と重要視しない。

自然にできるようになるもの、手助けしないほうがいいと思い込んでしまっていませんか？

登園 | 室内遊び | 外遊び・散歩 | 昼食・おやつ | 衛生 | 昼寝 | お迎え

> **こんなときに使えるHAPPY言葉**
>
> ○○ちゃんは、もうすぐハイハイができるようになるからね

HAPPY言葉の意味

家庭での住環境により、十分にハイハイをしないでつかまり立ちをしてしまう乳児がいます。しかし、子どもの発達（課題）には順番があり、その順番にしたがって成長します。

ハイハイの開始時期は個人差が大きいですが、8〜10ヵ月くらいが目安。ハイハイをせず、いきなりつかまり立ちをする子どもは、家で歩行器を使っていたり、おんぶをよくしているなどの理由が考えられます。保護者に家での様子を聞いてみるとよいでしょう。

重要ポイント

ピポットターンでほふくでのハイハイを促す

赤ちゃんがうつぶせで、おなかを軸に360度、自らくるくるまわる遊びを「ピポットターン」といいます。

子どもが手を伸ばせば届きそうな腰のあたりに、その子の好きなおもちゃ（音が出るおもちゃなど）を置くのがポイントです。

この遊びで、自分の足の親指でふんばる力を身につけることができ、ハイハイができるようになります。

保育者は「ほら、こっちだよ」と言葉をかけて、子どもの興味を誘いましょう。

保育者が足の親指を持って優しく動かしてあげるのも効果的です。

ここを中心にまわる

保護者への言葉かけ

環境をつくってもらう

ハイハイの順番は、爬虫類（はちゅうるい）のように、おなかを床につけた「ほふくでのハイハイ」、哺乳類のような「四つんばいのハイハイ」、「つかまり立ち」と順番があります。

家庭でも、障害があるものをどけてハイハイができる環境をつくることが必要であることを伝えましょう。

おもちゃの取りあいがあったとき

室内遊び編　1〜2歳

2歳の男の子。すぐにおもちゃの取りあいで、ケンカになってしまいます。どうしたらよいでしょう？

シチュエーション

A君が遊んでいるおもちゃがほしくなったB君がそのおもちゃを取りあげようとして、ケンカがはじまりました。

保育者の行動　NG

① 「ケンカをとめなくては！」と思い、おもちゃを持っているA君に「おもちゃを貸してあげて」と言いました。

「貸してあげて」

② 貸してあげたA君に「えらいね。ありがとう」とほめてあげました。

「えらいね　ありがとう」

保育者の心の中

無事に仲裁できて、よかったけど……

ちょっと強引だったけどケンカの仲裁を無事にできてよかった。
それにしても、いつもおもちゃのケンカがあるから疲れるなぁ〜。なんでケンカばかりするんだろう？
またケンカしたらどうしよう？
男の子だから仕方ないと思うしかないのかな？

注意ポイント

NG言葉＆動作
・「○○君、貸してあげてね」と無理に保育者がおもちゃを渡すよう、促す。
・「人が遊んでいるものを取ったらダメ！」と頭ごなしに行為を否定する。

保育者がおもちゃを取りあげて怒ったことで、解決させた気になっていませんか？

こんなときに使えるHAPPY言葉

（おもちゃを取ろうとした子に）同じおもちゃを探しに行こう

HAPPY言葉の意味

おもちゃの取りあいは、保育園では非常に多いトラブルです。このとき、保育者が、おもちゃを貸せない子に「貸してあげて」と無理強いするよりも、おもちゃで先に遊んでいた子どもの「遊び」を守ってあげることを重要視しましょう。

2歳では、まだ相手の立場にたって考えることはできません。おもちゃを取ろうとしている子に「同じおもちゃを探しに行こうよ」と提案し、その子と一緒に取りあげようとしていたおもちゃと同じものを探しにいきましょう。

「○○君が遊んでいたおもちゃがほしかったんだよね〜」と共感しながら探しましょう。

重要ポイント

おもちゃで遊んでいる子を守るということ

子どもが自分からやりたくて夢中になって遊び込むという姿勢は、その子の将来の積極性、感性、集中力などの「生きる意欲」につながるとても重要な行動です。

そのため、おもちゃの取りあいを仲裁するとき、保育者には遊び込みをしている子どもの遊びが途切れない判断、つまり、先に遊んでいた子の遊びを守ってあげる必要があります。

保育者は、おもちゃを取りあげようとした子どもに同じおもちゃを探すという行動でケンカをとめて、遊び込んでいる子どもを守ってあげましょう。

保育園の環境づくり

2歳までは同じが大好き

2歳は友だちが持っているもの、していることが気になり、マネする年ごろです。自分がほしいと思ったら、友だちをたたいてでも取ってしまうことも……。

1〜2歳クラスは、子ども同士で取りあいになりそうなおもちゃを多めに揃えて、ケンカが起きる原因を先に取り除いておきましょう。

そのときのポイントは、同じ色、同じ形のものを4個以上揃えるということ。

このころの子どもの「たくさん」の認識は4個以上と言われています。

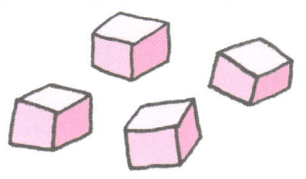

室内遊び編　1〜2歳

友だちへの噛みつきがあったとき

気に入らないことがあると、すぐに友だちを噛んで泣かせる子がいます。どう対応していいか困っています。

シチュエーション

気に入らないことがあったようで、B君がA君に噛みついてA君を泣かせています。

保育者の行動　NG

① 「とにかくやめさせなくては……」と思い、噛みついたB君に「やめなさい!!」と叱りました。

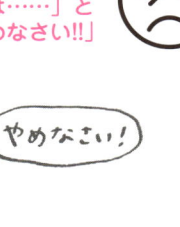

「やめなさい!」

② 噛みつかれたA君に「大丈夫？」と言葉をかけました。

「大丈夫？」

保育者の心の中

いい加減にしてっ！

B君は、気にいらないことがあるとすぐに噛みつくのがクセになっている。
言葉にできないのは分かるけど、いい加減にしてほしい!!　噛みつかれた子がかわいそうだよ。

注意ポイント

NG言葉＆動作

・噛みついた子に「噛みついちゃダメでしょ!」と叱る。
・噛みつきを繰り返す子どもを隔離する。

いつも噛みつく子を「はれ物」に触るように接していませんか？

噛みつかれた子に

こんなときに使えるHAPPY言葉

> ごめんね、痛くて嫌だったね

噛みついた子に

こんなときに使えるHAPPY言葉

> 噛みつかなくても大丈夫だからね

HAPPY言葉の意味

噛みつく子どもの中には、過去に自分が噛みつかれた経験があり、そのときに保護者や保育者に守ってもらえなかったのが原因で、自分も噛みはじめたというケースもあります。

そういったことが起きないように、まずは噛みつかれた子に保育者が「痛い思いをさせて、守れなくてごめんね」という思いを込めて謝り、ケガの具合を見ましょう。

「自分は噛まれても保育者に守られている」という安心感を噛まれた子どもに感じさせましょう。噛みついた子どもには、そのあと対応します。それまでは、そのまま傍観させておきましょう。

重要ポイント

噛みついた子どもへの対処

3歳までの噛みつきは、自分の中に「こうしたい」という思いがあるのに、まだうまく言葉にできず、噛みつきという行動になってしまうことが多くあります。「B君は、どうしたかったの？ 噛みつかなくても大丈夫だからね」と優しく言葉をかけて、噛みついてしまった子どもの心に近づくようにしましょう。

このとき、詰問（きつもん）したり、怒鳴ったりはせず、「おもちゃがほしかったんだね〜」など、その子の噛みついてしまった原因を理解する態度を伝えましょう。

噛みつきは、「おもちゃが足りない」、「お腹が減っている」、「眠い」など、子どもが不満を感じているときに発生します。そして、噛みつく前にチラッと保育者を見て行動を起こします。

保育者はその気配を察し、事前に噛みつきをとめましょう。

保護者への対応

すぐに謝る

噛みつかれた子の保護者がお迎えに来たらすぐに「痛い思いをさせてしまい、申し訳ございません」と謝罪します。

必ず、保護者が気づく前に伝えることが大切です。そうしないと「言い訳」になってしまうからです。

片づけをさせたいとき

室内遊び編　1～2歳

子どもに片づけを促しても片づけをしてくれません。効果的な言葉かけってありますか？

シチュエーション

そろそろ、お散歩に出かける時間なので「お片づけをして～」と保育者が言葉かけをしています。

「お片づけして～」

保育者の行動　NG

① 子どもたちは、まったく片づける気配などなく、遊んでいます。

② 散歩まで時間もないので、「片づけなさい」と怒りながら私がおもちゃを片づけはじめました。

保育者の心の中

何でいつも私がするの？

いつも片づけは私ばかり！！　いつも遊んでばかりいるんだから！　イライラしちゃうよ。まったく……。
子どもに「片づけたい」って気持ちにさせるにはどうしたらいいんだろう？

注意ポイント

NG言葉＆動作

・「自分で遊んだおもちゃは片づけてね」と注意する。
・「片づけなさい！」と叱りながら、結局は自分で全部やってしまう。

保育者自身、片づかない現状、次の行動への時間がないという現実にイライラしていませんか？

こんなときに使えるHAPPY言葉

○○ちゃん、そのボール取ってくれる？
(取ってくれたら)ありがとう！

もっと片づけよう！

HAPPY言葉の意味

子どもは大人を模倣しながら生活習慣を身につけていきます。そのため言葉だけで「片づけて」と言っても片づけることはできません。片づけは大人が楽しそうにやってみせましょう。

子どもに「それ、取ってくれる？」とお願いして、子どもが取ってくれたときは、「ありがとう」と感謝の言葉を伝えるのがポイントです。

子どもは保育者に喜ばれて「嬉しい、もっとやりたい」という気持ちになります。喜ばれて嬉しいという毎日の繰り返しで片づけるという生活習慣が確立していくのです。

重要ポイント

子どもに貢献感を持たせる

子どもにお手伝いを頼むときには、「お片づけって楽しい」と思う気持ちにさせるのが一番です。

子どもは、せっかく遊んでいるのに「片づけて」と叱られると不快になり、「片づけたくない」と思ってしまいます。

「おもちゃ取ってくれる？」とお願いされ、おもちゃを取ったとき「ありがとう」と保育者から言われれば、子どもの感情が「快」の状態になります。その繰り返しが貢献感につながり、「片づけたい」という気持ちになるのです。

保育園の環境づくり

片づけの場所を決める

箱にいろいろなおもちゃをまとめて入れて収納するのではなく、棚のどこに何を片づけるのか場所を決めて誰が見てもひと目で分かるように入れましょう。

それぞれのおもちゃや道具には専用の片づけ場所を設けると子どもが片づけやすい環境になります。「使ったら定位置に片づける」を徹底しましょう。

活発すぎて困るとき

室内遊び編　1〜2歳

わざと高い所に登ったり、大きい声を出したりします。
こんなときどうすればよいのでしょう？

シチュエーション

気づいたら棚の上に2歳のD君とE君が登って遊んでいます。

保育者の行動　NG

① 危ないので「やめなさい!!」と大きな声で怒鳴りました。

　　　　　　やめなさい!!

② 保育者のマネをして、子どもが大声を出しています。さらに怒っても、まったく言うことを聞きません。

保育者の心の中

ふざけないでくれる？

危ない行動だったので、とめただけなのに、逆効果になってしまって……。
ワンパクも度をこえてるよ。いい加減にしてほしい。
ふざけないでたまには行儀よくしてほしいなぁ。

注意ポイント

NG言葉＆動作

・「静かに遊んで」「危ないからやめて」とやめさせる。
・大声で怒鳴り、棚から降ろす。

子どもは、大きな声で注意をすれば言うことを聞くと思っていませんか？

登園 | 室内遊び | 外遊び・散歩 | 昼食・おやつ | 衛生 | 昼寝 | お迎え

42

こんなときに使える HAPPY 言葉

棚から降りて　トンネルごっこしよう。この下をくぐってね！

わぁい

HAPPY言葉の意味

雨の日や夕方など、子どもが十分に外で体を動かして遊べなかったとき、とくに1～2歳児は、衝動的に走りまわったり、高い所に登ったりすることがよくあります。

そんなときは、はしゃいでいる子どもを叱りつけても保育者のイライラがつのるだけです。

それよりも「粗大遊び（体を使う遊び）が足りない」と判断し、室内で体全体を使って遊べる（すべり台やマットでトンネルなどをつくる）粗大遊びができる環境をつくって子どもを遊ばせましょう。

重要ポイント

粗大遊びと微細遊びについて

子どもの遊びには、「粗大遊び」と「微細遊び」があります。「粗大遊び」とはすべり台など体全体を使う遊びのことをさし、「微細遊び」はパズルなどの座って手先を使う遊びのことをさします。

子どもはこの「粗大遊び」と「微細遊び」をバランスよく繰り返して遊んでいます。ところが、雨の日が続いて微細遊びばかりになってしまうと、このバランスが崩れ、走りまわる、大きな声を出す、高い所から飛び降りるなどの行動が起きます。

また、子どもの個性によって粗大遊びが多く必要な子どももいるので、保育者はその子どもの欲求を見極めて遊びの環境をととのえましょう。このバランスをうまく見極めてあげるとよいでしょう。

粗大遊び
段差を飛び降りたり、すき間をくぐったりするのが大好き。運動能力が高くなり、体を動かして遊ぶ

微細遊び
手先を使う遊び。イラストのように指先を上手に使って穴にひもを通す単純な遊びでも真剣に遊ぶ

室内遊び編 3〜5歳

おもちゃを取りあってしまうとき

おもちゃを取りあうケンカをしているとき、どう対応すればよいのでしょうか？

シチュエーション

A君とB君がおもちゃの取りあいで、激しくケンカをしています。

「ボクが先に使ってた」
「ボクのだよ」

保育者の行動　NG

① 「ケンカをとめなきゃ!!」と思い、2人へお互いに謝るように言いました。

「2人とも悪いんだからあやまって」

② 子ども同士、謝りましたが不満そうです。

保育者の心の中

もっといい方法があるのかな？

理由はどうであれ、ケンカって両方が悪いもの。子ども同士のケンカをてっとり早く仲裁したつもりだけど、何かもっとうまい方法があったのかな？
自信がない……。

注意ポイント

NG言葉＆動作

・「仲よく遊ばなきゃダメでしょ!」と、頭ごなしに叱る。
・「どうしてそんなことするの?」と詰問(きつもん)する。

ケンカ両成敗で「2人ともごめんなさいしなさい!」と謝らせていませんか？

こんなときに使えるHAPPY言葉

本当はどうしたかったの？

ボクは悪くない!!

ボクの話を聞いてほしい

HAPPY言葉の意味

3〜5歳は、人とのかかわり遊びが主体となるのでケンカが起きてしまうのは当然のこと。

保育者は、子ども同士を謝らせる「ケンカの仲裁」ではなく、子ども同士が落ち着いて話しあいができる環境をつくってあげましょう。

子どもに「どうしてほしかったの？」と目的を聞き、「○○君はこうしたかったんだって」と子どもの気持ちを代弁しながら落ち着いて友だちと話ができるように誘導しましょう。

こうすることで、子どもたちは自分の言葉で考え、トラブルを自分で「解決する力」が育ちます。

重要ポイント

無理にごめんなさいと言わせない

どんな理由があったとしても「謝りなさい」、「ごめんなさいは？」と保育者が子どもに無理に謝らせるのは、やめましょう。

この言葉かけは、子どもが納得するのではなく、保育者が納得するだけ。「無理やり"ごめんなさい"を言わされた」と、子どもたちの心の中には不満が残ってしまいます。

これでは、自分たちで問題を解決する力は育ちません。

保育者の対応

まずは、保育者が落ち着く

ケンカが起きたとき、保育者は原因を聞き出そうとして、つい口調が強くなってしまいがち。そうなると子どもはかえって黙りこんでしまいます。

まず、保育者がひと息ついてから、穏やかな口調で「どうしたかったの？」と子どもの気持ちに寄り添い、安心して話せるような雰囲気をつくってあげましょう。

運動遊びをしたがらないとき

室内遊び編 3〜5歳

室内で体を動かす遊びがあまり好きではない子どもへはどう対応したらよいのでしょうか？

シチュエーション

みんなが体育室で楽しく遊んでいるのに、1人だけ輪に入らないAちゃん。

保育者の行動

① 心配になってしまい、2人のときに思い切って「苦手なの？」と聞いてみました。

「からだ動かすの苦手なの？」

② 勇気づけてあげようと思い、「遊んできな!!」とみんなの輪の中に入るよう促しました。

「ほら!! みんなと一緒に遊びなよ！」

NG

保育者の心の中

私がどうにかしなくっちゃ!!

Aちゃんは、おとなしいから、私が誘ってみんなの輪に一緒に入れて遊ばせてあげないとダメだよね。
強引に輪に入れちゃったんだけど、みんなと遊んでいてもあまり楽しそうじゃない。
大丈夫かな？
私が一緒に遊んであげたほうがよかったのかな？
判断が難しい……。

注意ポイント

NG言葉＆動作
・「みんなやってるのに、○○ちゃんはしないの？」と、比較する。
・「運動しないとダメだよ！」と言って、みんなと一緒の行動を強要する。

みんなと一緒に体を動かさせたい気持ちに執着しすぎて、「○○しないとおいていかれるよ〜」などと、言葉で脅していませんか？

こんなときに使えるHAPPY言葉

> 先生も一緒にするから○○ちゃんたちとかくれんぼでもしようよ

先生も一緒ならやってみようかな？

HAPPY言葉の意味

あまり運動をしたがらず、静かに遊ぶほうが好きな子どももいます。そういう子どもに「みんなと一緒」を無理強いする必要はありません。

まず最初は保育者が、その子ができるレベルの体を動かす遊びに誘うことからはじめてみましょう。

そのとき、保育者が子どもに体を動かして遊ぶことが「楽しかった、また遊びたい!!」という充実感を持たせることができるかどうかがポイントになります。

繰り返し、充実感を持つことができれば、自然に体を動かすことへの抵抗がなくなり、みんなと一緒に遊ぶようになるでしょう。

重要ポイント

成功体験をさせてあげる

体を動かすことが苦手な子どもは、自分に自信がなかったり、前に鬼ごっこをして負けて嫌だったなど、何か気後れしている理由があります。

保育者は体を動かすことが楽しく、「あ〜、おもしろかった！」という達成感を子ども自身が感じられるような遊びに誘いましょう。

まずは、誰でもできる簡単な「かくれんぼ」や「鬼ごっこ」で遊んであげるのがおすすめです。保育者が一緒に「おもしろい」を見つけてあげましょう。

> かくれんぼもう1回やりたい!!
> 見つけた♪

保育者の対応

体を動かさない気質の子だとしても

生まれ持った「気質」は、その子の性格を形づくるひとつの要素でもありますが、育つ環境やまわりの大人からの働きかけによって変わっていきます。

無理強いするのではなく、保育者と一緒に友だちが楽しんでいる様子を見るところからはじめてみましょう。

ふざけすぎる子がいたとき

室内遊び編 3〜5歳

ふざけすぎて困る子どもには、どのように注意すればよいのでしょうか？

シチュエーション

5歳のC君。わざと鼻にビー玉を入れて、ふざけています。まわりの子どもたちはそれを見て、笑っています。

「すごい!! おもしろい!!」
「すごいだろう」

保育者の行動　NG

「鼻から出なくなったらどうするの!!」と思い切り怒鳴りました。

「出しなさい!!」

保育者の心の中

悪ふざけもいい加減にして!!

子どもだし、お調子者なのは分かるけど、いい加減にしてほしい。
病院沙汰になったらどうするつもりなんだろう？
5歳なんだし、ものの分別はある程度できると思うんだけど……。毎回続くと、こっちが疲れちゃうよ！

注意ポイント

NG言葉＆動作
・「何してるの！　危ないから出しなさい！」と叱る。
・言うことを聞かないので、ついカーッとなって「いい加減にして！」と怒る。

すぐにでもやめさせたいとき、子どもに向かって、感情的に大声を出して注意していませんか？

登園 | 室内遊び | 外遊び・散歩 | 昼食・おやつ | 衛生 | 昼寝 | お迎え

こんなときに使えるHAPPY言葉

> ビー玉出そうよ。前に鼻から出なくなって大変だったことがあるよ

> えっ?! そうなんだ

HAPPY言葉の意味

子ども（とくに男の子）はまわりから注目を浴びたくて、わざとふざけることがあります。

そのふざけた結果、友だちやその子どもがケガをするようなことがあれば保育者は、すぐにやめさせる必要があります。

このとき「ダメ！」と叱ったり、言葉で脅すのではなく、最悪を想定したときどうなるか問いかけて子どもに考えさせましょう。

重要ポイント

怒るのはNG

保育者の感情的な怒り、言葉での脅しは、もっとも効果がない言葉かけで、子どもにとって逆効果です。

保育者が子どもの行動をやめさせるために怒りを表現すると、子どもは保育者の関心を引きたくて、行動がさらにエスカレートしていきます。

たとえそのときは、場がうまくおさまったとしても、また別の機会にふざけた行動を取るようになるでしょう。

保育者は怒りや恐怖ではなく、子どもの心に伝わるような言葉をかけていきましょう。

保育者の話し方

対等な関係で真剣に話す

子どもが何度も同じことを繰り返さないよう、子どもの目を見て、真剣な表情で冷静に話しかけましょう。「このまま続けると、大変なことになるんだ」と、子どもが本当に納得して、自分で「やめる」ことを決めさせましょう。

手が出るケンカがあったとき

室内遊び編　4〜5歳

子ども同士がたたきあうケンカを上手にとめる方法はありますか？

シチュエーション

5歳のC君とD君。さっきまで仲よく遊んでいたのに、急にC君がD君をたたいています。

「いたいよ〜」

保育者の行動　NG

① ケンカをやめさせるために「やめなさい」と強く言いました。

「やめなさい！」

② まずたたかれたD君に「大丈夫？」と聞きました。たたいたC君は怒っています。

「大丈夫？」　ムカッ

保育者の心の中

早くやめさせたい!!

子ども同士とはいえ、手が出るケンカはよくないこと。とにかく、1秒でも早くやめさせたい！！
見ている私もつらくなっちゃうよ。
何でケンカしちゃうんだろう？

注意ポイント

NG言葉＆動作

・「友だちをたたいちゃダメでしょ！」とたたいた子の行為を頭から否定する。

ケンカをする子が「悪い子」、「ダメな子」、「どうしようもない子」などと、子どもの人格を否定するような叱り方をしていませんか？

💗 こんなときに使える HAPPY言葉

2人とも離れてごらん。言いたいことがあれば、ここで言いあってごらん

分かったよ

HAPPY言葉の意味

4歳以上の子どものケンカは保育者がかかわりすぎるのではなく、子ども同士で解決できるようにゆっくり話せる場を提供しましょう。

このとき、子ども同士で、とことん話をさせるのがポイントです。どんな話の内容なのかは重要ではなく、お互いの気がすむまで話すことで、お互いに"納得する"ことができるというところが重要なのです。子どもはケンカをしても、そのあと、それがきっかけでグッと仲がよくなることもあります。

重要ポイント

保育者が成敗しない

子ども同士のケンカにも、ケンカをする理由があります。保育者が「ケンカが悪い」、「すぐに謝りなさい」、「ケンカはどっちも悪いこと」などと決めつけるのではなく、「言いたいことがあるなら言ってごらん」と子どもに言葉で伝え、子どもたちが話をする場を提供しましょう。

また、保護者に「昨日、○○君とケンカしたって言っているのですが大丈夫でしょうか……」と聞かれた場合は、ケンカの原因を伝えますが、どっちが悪いなどの保育者の考え（成敗）は伝えません。ひと通り保護者の話を聞いたあとに「子どもたちが納得して解決していますので安心してくださいね」と保護者に言葉をかけましょう。

ジェスチャーポイント

時間を置いてから話す

子ども同士、納得がいくまで話しあったとしても、子どもの感情は高ぶっています。保育者は、子どもにその場ですぐに何かを伝えるのではなく、しばらくたってから「仲なおりできてすごいね！」となにげなく伝えてみましょう。

仲なおりできてすごいね

うん

遊びにくぎりがつかないとき

室内遊び編
3〜5歳

遊んでいて片づけない子どもに効果のある言葉かけってありますか？

シチュエーション

5歳児たち。お昼ごはんになるので、「片づけよう」と言っても、遊びに夢中で片づけをしません。

「片づけようよ〜」

保育者の行動

① 再度、「早く片づけて！！」と子どもに言いました。

「早く片づけてね」

② 子どもたちは一向に片づける気配がなく、さらに「片づけないとお昼ごはんが食べられないよ」と言ってしまいました。

「早く片づけてね」
「今いいところだしいやだ！」

保育者の心の中

早くしてよ〜!!　もうッ!!

お昼ごはんだし、早くしてほしい!!　集中すると何でこんなに言うことを聞いてくれないんだろう？
あとで、また最初からつくって遊べばいいだけだと私は思うんだけど……。
本当にワガママだな〜。
イライラしちゃうよ。

注意ポイント

NG言葉＆動作

・「早く片づけなさい！」、「何度言ったら分かるの！」と、イライラして叱る。
・「片づけないと、お昼なしだよ！」、「次からもう積み木はやれないよ」と脅し言葉を使う。

子どもの気持ちを考えず、保育者が次にしなくてはいけない行動（時間）に追われていませんか？

こんなときに使えるHAPPY言葉

（時計をさしながら）
針がまっすぐになったらお昼ごはんだから片づけようね

それまでは遊べるんだ♪

HAPPY言葉の意味

保育者は、子どもが納得して片づけをするような言葉をかけるように心がけましょう。

3〜5歳は時間の見通しがたつので、時計を指さしながら「針がまっすぐになったらお昼ごはんだから片づけてね」など、子どもが納得できるように見通しをもって伝えるようにしましょう。

また、大人の都合で遊びをやめなくてよいように、積み木などは、続きがいつでもできるように専用の遊びのエリアをつくっておくのもよいでしょう。

重要ポイント

保育園の環境づくり

子どもが遊びに夢中になっている状態を、できれば大人の都合で中断させず、とことん見守りたいものです。

そこで、子どもの遊びを尊重して、片づけなくてもいいエリアをつくってあげるのも、ひとつの方法です。そして、食事、お昼寝のときに邪魔にならないスペースを構成遊びのコーナーとして遊びがいつでもできるようにしましょう。

ブロックや積み木など、途中で壊さなくても、いつでも自分の遊びが続けられるという安心感が生まれ、どんどん遊びが発展していきます。超大作はやはり時間が必要です。時間をかけて取り組めるように環境を工夫してあげましょう。

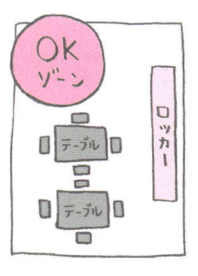

保育者のモチベーション

保育者も一緒に片づける

「3〜5歳児は、自分たちで片づけをさせなければいけない」と思い込んでいませんか？

もちろん、子どもたちだけで片づけられるのがベストですが、「子どもたちに片づけをさせる」と決めつけたりせずに「まぁ、いいか。今日は私が手伝えば」と保育者が気持ちを切り替えて、楽しそうに片づけをしてみましょう。

室内遊び編 3〜5歳

爪を噛むクセがある子がいたとき

気がつくと、爪を噛んでいる子どもがいます。保護者がやめさせたいと言っています。どうしたらよいですか？

シチュエーション

B君は、気がつくと爪を噛んでいます。

保育者の行動　NG

① 「爪噛むのをやめなよ〜」とB君に言うとやめます。

「爪噛むのやめな」

② 気づくとまた爪を噛んでいるので、そのたびに注意します。

「爪噛むのやめなよ」

保育者の心の中

どうやったらやめるのだろう？？

早くやめさせたい。保護者からも保育園で注意してくださいと言われているし。
何度言ってもやめない……。
あの子のクセをやめさせられるのは私しかいない!!
今度は噛む瞬間に言ってみよう!!

注意ポイント

NG言葉＆動作
・みんなの前で爪を噛んでいるときに「やめなさい」と言って、恥ずかしい思いをさせる。
・「爪を噛むと、爪がなくなるよ！」と脅し言葉を使う。

「私がこの子のクセをやめさせなくては!!」と責任感をふりかざしていませんか？

> こんなときに使える HAPPY言葉
>
> （爪を噛んでいないときに）
> ○○君、爪を噛んでなくて素敵！

やった!!

HAPPY言葉の意味

子どもは爪を噛むことで、気持ちのバランスを取っていることがあります。しかし、噛んでばかりいると爪がなくなってしまい、バイ菌がそこから入る可能性もあるので、衛生的にもやめさせたいものです。

保育者にとって大切なのは、その場で「やめなさい」と子どもに言葉をかけて一時的にやめさせることではなく、爪を噛んでいないときに「えらいね」とほめてあげること。

やっていなかったことをほめられることにより、子どもは自信をつけ自然と爪を噛むクセがなくなっていくでしょう。

重要ポイント

「爪を噛むのをやめなさい」は禁句

爪を噛むことがやめられない子どもは、そうすることで不安やストレスを解消しているのかもしれません。

保育者は、おおらかな気持ちで子どもを見守りましょう。爪を噛むことはいけないことだといちばん分かっているのは、その子ども本人です。

保育者から「爪を噛むのはダメ」と言われることは、その子にとっては恥ずかしい思いを増幅（ぞうふく）させます。

とくにみんなの前で、子どもの爪噛みを指摘するのはやめましょう。

園の方針が爪を切ってあげてもOKな場合は、切りながら「爪を噛むと、爪のバイ菌が口に入ってきちゃうよ」などと、なぜダメなのかの理由を説明することにしましょう。

ガクッ

ジェスチャーポイント

子どものことを観察する

子どもは退屈しているときに、爪を噛むことがよくあります。

子どもが爪を噛まなくてすむくらい遊びに夢中になれるように、友だちとコミュニケーションが取れているか、保育者はその子のことをよく見てあげることが大事です。

絵を描きたがらないとき

室内遊び編 3〜5歳

絵を描きたがらない子どもの
やる気が出るような言葉かけってありますか？

シチュエーション
Aちゃんは絵を描くのを嫌がります。

保育者の行動　NG
Aちゃんが「先生、描いて」と言ってきたので、「Aちゃんは上手に描けるでしょ？」と言いました。

「上手に描けるでしょ」
「先生描いて」

保育者の心の中
**また？
どうしたらいいんだろう……**
すぐに絵を描けないって言うんだから……。もっと根気よくやればいいのに。
上手にやる気を出させることはできないのかな？本当はうまく描けるはずなのになぁ。

注意ポイント
NG言葉＆動作
・「上手に描けたね」と同じほめ言葉をかける。
・「こう描きなさい」と正しい描き方を教える。

「こう描けばいいのに」と描き方を強要していませんか？

> こんなときに使える HAPPY言葉

無理に描かなくてもいいよ

えっ？いいの？

HAPPY言葉の意味

子どもが絵を描きたがらないときは無理に描かせず、砂遊びや水遊びなどの夢中になって遊べる体験をたくさん取り入れてみましょう。この場合、1〜3ヵ月ほどの長期プランで考えます。

そもそも絵を描くということは、表現活動であり、自由に表現してよいのです。保育者が子どもの描いた絵に対して「上手、下手」の評価をする必要はありません。

つまり、その子どもなりの表現を認めることが大切です。

保育者が「空は青、太陽は赤」と決めつけない自由な表現をさせましょう。

重要ポイント

評価言葉を使わない

子どもが砂遊びや水遊びを夢中になって遊ぶ体験をくり返すことによって子どもの中で変化が起き、自分から「絵を描きたい」と言って描いたときは「すごいね」、「上手だね」などのほめ言葉は使いすぎないようにしましょう。子どもはその言葉（評価）のために行動を起こすようになります。

つまり「絵を描きたい」という好奇心よりも「上手だね」と保育者に言われたいということが目的になってしまい、評価されるために絵を描いてしまうのです。

そして、うまく描けないときは、子どものやる気が起きなくなったり、「先生描いて〜」と受け身になってしまう可能性が出てきます。これでは、子どものやりたい、見たい、知りたいという気持ちにフタをしてしまうようなものです。

もちろん、保育者から「こう描いてごらん」とお手本を見せたりすることもNGです。

ステップアップ！ポイント

黒のみを使って絵を描いた場合

子どもが黒や茶色などの単色のみを使って絵を描いたとき、それは、その子どもの心の表れと言われています。

保育者は子どもに「何で黒だけで描いたの？ 何かあった？」などと聞くことはやめましょう。何も言わず、「黒で描いたんだな」とだけ思い、そして、その子どものほかの活動はどうかをよく見てみましょう。

年齢別 室内遊び

子どもの発達によって遊びは変化していきます。
年齢別の発達過程と室内遊びを紹介していきます。

0歳児　目と手の協応

0歳児は生まれてから首が座り、寝返り、ほふくのハイハイ、高ばい、つかまり立ち、つたい歩き、歩行へと成長していきます。

お座りができ、手が自由に使えるようになると目と手の協応がはじまります。

予備知識 [この時期の発達過程]

月齢	粗大遊び（体全体の活動）	微細遊び（手の活動）
3〜6ヵ月	首が座り、横向きに寝かせると寝返りをすることができる。	おもちゃがつかめるようになり、手を出してものをつかむことができる。
6〜8ヵ月	寝返りができるようになり、ハイハイができるようになる。1人で座ることができる。	おもちゃの持ち替えができるようになり、親指とひとさし指、中指で持つ（三指対向）ことができる。
9〜12ヵ月	つかまって立つことができ、つたい歩きをはじめる。座った位置から立ちあがることができる。	瓶のフタを開けたり閉めたり、親指とひとさし指で持つ（二指対向）ことができ、糸くずを拾ったり、小さいものを入れたり、殴り書きができるようになる。

[この時期の遊び方の一例]

月齢	遊びの内容・言葉かけ
生後1〜3ヵ月	赤ちゃんの首の後ろに保育者の手をまわして首を支え、赤ちゃんと目をあわせて声をかけます。言葉を促すトレーニングになります。
3ヵ月ごろ	赤ちゃんをうつぶせにし、手を前に出してあげましょう。赤ちゃんは頭を持ちあげます。保育者は背中をさすってあげましょう。首座りのトレーニングになります。
6ヵ月ごろ	音の出るおもちゃを左右の手に持たせて遊ばせます。音が鳴ったら「キレイな音だね」と音色に耳を傾けるのもよいでしょう。
8〜10ヵ月ごろ	赤ちゃんをうつぶせにして腰のあたりにおもちゃを置いて遊びましょう。歌を歌ったり、音を鳴らしたりしてピボットターン（おなかを軸にしてまわる／P35参照）を促します。
10ヵ月ごろ	子どもが2本の指でモノがつまめるようになったら、保育者はチェーンリングやハンカチを用意して、つまんで遊ばせてあげましょう。「もう1回つまんでみて〜」などやる気を誘います。
11ヵ月ごろ	段ボール箱などを用意すると押し歩きをはじめます。「きしゃきしゃシュッポシュッポ」などの歌を歌うと喜んで押し歩きをするでしょう。

首座りのトレーニング
背中をさすりながら「上手だね〜」と優しく声をかけましょう

押し歩き
つたい歩きを促すために押し歩きをはじめます

年齢別・室内遊び

1歳児 探索遊び

1歳児の特徴は探索遊び（うろうろ遊び）と発見です。たくさん動いて歩いて遊べる環境をつくってあげましょう。

何かを見つけて「あっあっ」と言って指をさしたら保育者は「○○だね」と共感を伝えます。そうすれば、子どもは発見する喜び、感動する喜びを感じ取ることでしょう。

探索遊びがたっぷりできれば子どもは満足します。これが不足すると、子どもは高い所にのぼったり、走りまわったりします。探索遊びをたっぷり満喫させてあげましょう。

予備知識 [この時期の発達過程]

月齢	粗大遊び（体全体の活動）	微細遊び（手の活動）
1歳〜1歳2ヵ月	2〜3歩歩くことができる。	コップの中の小粒を取り出そうとすることができる。
1歳2ヵ月〜1歳4ヵ月	クツを履いて歩くことができる。	積み木を縦に2個重ねることができる。
1歳4ヵ月〜1歳6ヵ月	走ることができる。	コップからコップへ水を移すことができる。
1歳6ヵ月〜1歳9ヵ月	1人で1段ごと階段をあがることができる。	鉛筆でぐるぐる丸を書くことができる。
1歳9ヵ月〜2歳	ボールを前に蹴ることができる。	積み木を横に2個以上並べることができる。

[この時期の遊び方の一例]

月齢	遊びの内容・言葉かけ
出し入れする遊び	指先を使って箱からボールを出したり入れたりして遊べるようになります。タッパーのフタに切り込みを入れたり、まるくくり抜いたりして、チェーンリングやコマなど出し入れするおもちゃを手作りしましょう。
自分で出入りする遊び	箱の中から出たり入ったりを繰り返して遊びます。「あれ？どこ行ったの？」と探すふりをするととても喜びます。
積む遊び	はじめから子どもが積み木を積むことはできないので、保育者がまず積んであげましょう。それを子どもが崩す→保育者が喜ぶ→保育者が積む→子どもが崩す……を繰り返して遊びましょう。
並べる遊び	バラバラにしたものを順番にキレイに並べて遊ぶことができるようになります。プラスチックのコップや四角い小さい箱など用意してあげるとよいでしょう。
ごっこ遊び（見立て遊び）	このころから、おままごとをはじめます。1歳のおままごとは、ただひたすら食べるのみ。スプーンとお椀を用意してあげるだけで十分です。
引き遊び	おもちゃを箱に入れて引きずって遊ぶのが大好き。段ボールの箱に引きずって遊べるようにひもをつけて用意しましょう。「このおもちゃも一緒に入れてあげてください〜」と言って渡してあげるのもよいでしょう。

出したり入れたりする遊び
子どもが手につかみやすい大きさ、素材のものを用意してあげましょう

壊したり並べたりする遊び
キレイに並んだものを「見て」と呼びに来たときは、思い切りほめてあげましょう

2歳児 好きな遊びを遊び込む

「何でも自分でやりたい」と主張するようになる時期。体を動かすのが大好きなので少し高い所から跳んだり、リズムにあわせて歌ったり踊ったり、ボールを投げたりすることができるようになってきます。

何かを集める遊びから並べたり、種類や色を分けたりするなどして遊びが発展してきます。

予備知識 [この時期の発達過程]

月齢	粗大遊び（体全体の活動）	微細遊び（手の活動）
2歳〜2歳3ヵ月	両足でぴょんぴょん跳ぶことができる。	鉄棒にぶらさがることができる。
2歳3ヵ月〜2歳6ヵ月	足を交互に出して階段をあがることができる。	大人のマネで直線がひけるようになる。
2歳6ヵ月〜2歳9ヵ月	立ったままでくるっとまわることができる。	大人が書くのを紙にマネて○（まる）を書くことができる。
2歳9ヵ月〜3歳	片足で2〜3秒立つことができる。	はさみを使って紙を切ることができる。

[この時期の遊び方の一例]

遊び	遊びの内容・言葉かけ
集める、詰める	集めたものを同じ種類や色ごとに分けたりするのが上手です。箱やカゴを用意してあげましょう。保育者は「いっぱい入ってよかったね。また見せてね」などの言葉をかけていきましょう。
移し替え	空いた器に何かを移し替えるのが大好き。チェーンリング、ボウル、お玉を用意してあげましょう。真剣に何度も繰り返して遊んでいるときは、黙って見守りましょう。
汽車遊び	男の子はとくに汽車遊びが大好き。電池で動くものではなく、シンプルな木製のものがよいでしょう。自分を汽車に見立てて走らせて遊びます。
お世話遊び	おんぶひも、お椀、スプーンなどを用意してあげましょう。この頃は、食べさせてあげるお世話遊びが好きになります。保育者は、たくさん食べさせてもらいお世話をしてもらいましょう。
机上遊び	指先が器用に使えるようになり、机に向かう遊びも大好きになります。紙やシール、のり、はさみ、ペグ差し、型はめ、ひも通しパズルなどを用意してあげるとよいでしょう。

ボールを投げる
人とかかわりを持つことができるようになり「あそこに投げよう」と意志を持って投げられるようになります

シール遊び
1歳のころとくらべれば、手先も器用になり、机に向かう時間も長くなります

集める
2歳児はコレクター。何でも集めるのが大好き。気づくと袋いっぱいにものが入っています

年齢別・室内遊び

3〜5歳 構成遊びが得意

　3〜5歳児の遊びは社会性が育ち、1人遊びから友だちとかかわって遊ぶ「かかわり遊び」ができるようになります。手先が器用になるので、折り紙、のり、はさみが使えるようになり、遊びの幅も広がります。

　また、積み木などを使った構成遊びが盛んになります。子どもが自分のさまざまな体験を積み木などを通して形として構築し実現することで、記憶力、想像力、美的感覚、観察力、器用さなどが発達していきます。

予備知識　[この時期の発達過程]

月齢	粗大遊び（体全体の活動）	微細遊び（手の活動）
3歳〜3歳4ヵ月	でんぐり返しができる。	ボタンをはめられるようになる。
3歳4ヵ月〜3歳8ヵ月	幅跳び（両足を揃えて）前に跳ぶことができる。	鉛筆やクレヨンで十字を書くことができる。
3歳8ヵ月〜4歳	片足でピョンピョンと数歩跳ぶことができる。	紙を直線に沿って切ることができる。
4歳〜4歳4ヵ月	ブランコに立ちのりしてこぐことができる。	はずむボールをつかむことができる。
4歳4ヵ月〜5歳	スキップができる。	紙飛行機を自分で折ることができる。

3歳児と遊ぶときのポイント

　3歳児は、負けると「悔しい」という負けず嫌いパワーが全開です。この「悔しい」という気持ちが将来の強い心を持つことにつながりますので、保育者はこの気持ちを大切にしてあげたいものです。

[この時期の遊び方の一例]

遊び	遊びの内容・言葉かけ
ごっこ遊び	お母さん役、お父さん役など役割を決めて遊べるようになります。より本格的におままごとができるように、ザル、ボウル、洗濯ばさみなどを用意してあげましょう。保育者も参加するときは「おいしいね」だけではなく「これ味が薄いので塩をふってくれる？」など、よりリアルな演出をしていきましょう。
構成遊び	積み木、ブロックなどで大きなお城など、子どもの想像力でつくりあげる構成遊び。つくりあげたことによって、成功の喜びや空間認識、空間関係の知識も習得することができます。保育者は途中でやめなくていいように、できるだけ構成遊びのスペースを確保してあげましょう。完成したら「できたね！」と子どもの達成感に共感しましょう。
細かい遊び	知育ブロックやアイロンビーズなど、細かいものを使ってキレイな模様をつくることができます。保育者は、途中「これ赤がいいんじゃない」などと言わずに子どもがつくり終わるまで、そっと見守りましょう。
役割遊び	お医者さんごっこ、美容院ごっこなど、職業別の役割遊びもしはじめます。「美容院では頭がかゆいところはないですか？　って聞かれるよ〜」など、よりリアルな仕事内容を伝えてあげるとよいでしょう。
ゲーム遊び	カードゲーム、ボードゲームなど、ルールのあるゲーム遊びをするようになります。友だちと一緒にルールを守ることで楽しい遊びになります。ゲームでよりかかわろうとする力が身につきます。

折り紙
動物、箱、お花などなんでも折れるようになってきます。本を見ながら一緒に折っていきましょう

おままごと
大好きな友だちと役割を決めて遊びます。よりリアルなおままごと遊びができるようにしてあげましょう

Column 2
不快な言葉を使う子どもへの対応

4〜5歳になってくると「バカ、死ね」など
不快な言葉を使っている場面をよく見かけます。
こういったときの注意の仕方に悩んでしまう保育者も多いのではないでしょうか？

保育者の気持ちを伝える

　そもそも、保育者が不快に思う言葉（バカ、死ねなど）を子ども同士が使っているのは、言いたいから言っているのです。「みんなが使うから」など、あまり深い意味はなく遊びの延長として使っています。
　もし、保育者のあなたが、それらの言葉を聞くのが不快でやめてほしいのであれば"私の気持ち"を子どもにはっきり伝えましょう。
　伝え方としては、
「私はこのクラスでは、そんな言葉を使ってほしくない」
「私は悲しい気持ちになる」
と、必ず"私は"その言葉を聞くと"こう思うから""こうしてほしい"と伝えましょう。それでもおさまらないときは、「もし、○○君が先生だったら、どんな気持ちがすると思う？」、「何で言うのかな？」などと聞いて、相手の立場に立つということを考えさせてあげるのもよいでしょう。

　子ども同士ではなく保育者に向かって不快な言葉を使ってくるときは、子どもがその保育者の注目を浴びたいと思って使っている可能性が高いです。保育者は「やめなさい」と叱るのではなく「そんなに言われたら心に刺さるな〜」、「悲しいな〜」など"私の気持ち"を伝えます。
　そのうえで、その子どもの様子を日々観察し、遊びの中で、その子どもとかかわりを持つ時間を増やして様子を見ていきましょう。

PART 3 園生活での言葉かけ
外遊び・散歩編

保育者はまず、子どもの安全を第一に考えて
遊ばせることが大切です。
いろいろな危険やトラブルに対処する仕方を教えます。

外遊び・散歩編

自分でうまく靴が履けないとき

1〜2歳

靴を自分で履きたがる子どもに
上手に履かせる方法が知りたいです。

シチュエーション

2歳のAちゃんは靴を履きたがりますが、うまく履くことができません。

保育者の行動　NG

時間がかかるので「Aちゃんは、まだ履けないんだから」と言って、強引に保育者が履かせました。

「履けないんだから」

保育者の心の中

忙しいのにッ!!

　お散歩前の忙しい時間だから、サッサと履いてほしいのに、またワガママ言い出して……。
　どうせ履けないんだから、私が履かせてあげるしかない!!
　気持ちは分かるんだけど、どうやったら、この状況がうまく伝わるかな??

注意ポイント

NG言葉＆動作

・「まだ履けないでしょう」と言って、せっかく芽生えた自我を傷つける。
・自分でやらせてできないと「それではダメよ」といきなり否定する。

子どものやりたいという気持ちよりも、保育者自身の気持ちを優先させていませんか？

> **こんなときに使えるHAPPY言葉**
>
> （自分でうまく履けなかったあとに）
> **履かせてあげようか？**

嬉しいなぁ

HAPPY言葉の意味

何でも「自分で！」とやりたがる2歳児。1人で靴が履けなくても、「自分で履けた」という達成感を感じさせることが成長のモチベーションになります。

「まだ履けないんだから」と保育者が決めつけて強引に履かせてしまうのではなく、子どもの「自分で履きたい」という気持ちを優先させて、まずは気がすむまで挑戦させてあげましょう。

うまく履くことができず、その子がイライラしはじめたときに初めて「履かせてあげようか？」と声をかけます。

重要ポイント

子どもが履きやすい靴を

このころの子どものお散歩用の靴は、デザイン重視ではなく「子どもが履きやすい靴」を保護者に選んでもらいましょう。

子どもが履きやすい靴とは、足を入れるところが大きく開き、かかとにベロがついているもの。

開口部が大きく広がれば、自分の足が入れやすく、ベロを持って靴のかかとを持ちあげて履くことができます。

ベロが小さい靴は、保育者がかかとに「チェーンリング（プラスチックの輪っか）」をつけてあげるとよいでしょう。

子どもが、このリングを引っ張り、靴のかかとをあげることができて履きやすくなります。

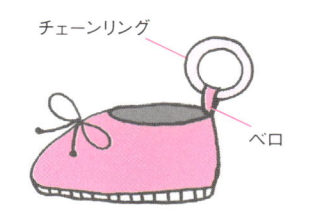

チェーンリング / ベロ

ジェスチャーポイント

靴の履きはじめのときに

自分で靴を履けるようになるには大人が見本を見せることが大切です。そのために保育者は子どもの前に座り、靴を広げてあげながら、「つま先入れて、かかとも入れるね」と言葉をかけて、履かせます。

少しずつ自分で履けるようになってきたら、保育者が先まわりをして手出し、口出しをしないほうがよいでしょう。

生活習慣の自立は毎日の積み重ねで培っていくもの。楽しく取り組みましょう。

外遊び・散歩編
1〜2歳

お散歩カーにのりたがらないとき

お散歩カーにのりたがらない子どもがいます。
どのように言葉をかけたらよいのでしょう？

シチュエーション

1歳6ヵ月のD君。いざ散歩に出発しようとしているのにお散歩カーにのりたがりません。

「いや」

保育者の行動　NG

① 「のらなきゃ連れて行かないよ」とD君に伝えてものりません。

「のらなきゃつれていかないよ」

② 強引にのせたら、D君が泣き出しました。

保育者の心の中

無理なものは無理！

のりたくない気持ちは分かるけれど、今日は遠くの公園に散歩に行くから、のってくれなきゃ困る。ごめんね。D君。
泣くくらいなら、あきらめてのってくれればいいのになぁ……。

注意ポイント

NG言葉＆動作

・「のらなきゃダメでしょ」と無理やりのせる。
・「のらないと連れて行かないよ」と脅し言葉を使う。

やっとお散歩カーにのった子どもが泣いていても、そのまま放置していませんか？

登園 / 室内遊び / 外遊び・散歩 / 昼食・おやつ / 衛生 / 昼寝 / お迎え

こんなときに使えるHAPPY言葉

**そう？
歩くなら、手をつないでね
（お散歩カーを持って歩いてね）**

歩きたい

HAPPY言葉の意味

子どもをお散歩カーに強引にのせても、子どもは泣き出してしまい、そのフォローの影響でお散歩の時間が短くなってしまいます。保育者は、無理やりお散歩カーに子どもをのせることよりも、子どもがどうしてのりたくないのかを知ることが大事です。

その理由が子どもが自分で歩きたいということなら子どもの歩きたいという気持ちを尊重し、危険でないように「歩くなら手をつないでね」とか「お散歩カーを持って歩いてね」と伝えましょう。

重要ポイント

しばらくたってからもう一度聞く

お散歩カーにのらずに歩くことを子どもが選んだ場合、保育者はタイミングを見て再度、子どもに「のる?」と聞いてみましょう。

ほとんどの場合、ほんの数メートルしか歩いてなくても、「のらずに歩いた」という満足感から、素直にお散歩カーにのることが多いです。

大切なのは、子どもがお散歩カーにのることに対して「納得」すること。最初から大人が「のって」と強要するのではなく、子どもが「自分で決めた」と思うように、上手に誘導をしましょう。

のる？

翌日の言葉かけ

言葉じりを変える

翌日、保育者はお散歩に行く前に、お散歩カーにのるのを嫌がった子どもに対し「今日はお散歩カーにのって行こうね!」と、先に声をかけましょう。

「のって行こうか?」ではなく、「のって行こうね!」と言い切ることがポイントです。

今日はお散歩カーにのっていこうね!

転んでしまったとき

外遊び・散歩編
1〜2歳

子どもが公園で遊んでいるときに転んで泣いていました。適切な対応を教えてください。

シチュエーション
2歳のEちゃんが転んだようで、泣いています。

保育者の行動　NG
すぐにかけつけて抱きあげ「痛くないよね」とあやしました。

> もうお姉ちゃんだもん痛くないよ。

保育者の心の中
ひどいケガじゃなくてよかった！

思ったよりケガがひどくなくてよかった。とにかくすぐに抱きあげられてよかった。はやく泣きやませてあげないと……。
子どもが泣き続けるのは、かわいそう。

注意ポイント
NG言葉＆動作
・痛いと泣いているので「こんなの痛くないよ」と言う。
・「泣いてたら笑われちゃうよー」と笑って言う。

子どもが転んですぐに抱きかかえていませんか？

> こんなときに使える HAPPY言葉
>
> 痛かったねー。大丈夫だよ

うん。だいじょうぶ

HAPPY言葉の意味

子どもが転んだとき、保育者には、「子どもが自分で立ちあがるかどうか」の見極めが必要になります。

「助ける必要がある」と感じたら抱きあげますが、「自分で立ちあがろう」としているのであれば、子どもの「自分で立ちあがれる」という意志を尊重し、自力で立ちあがるよう見守りましょう。

そして、立ちあがった子どもに「痛かったねー」と声をかけます。その後は必ず傷口の状態を確かめ、適切な処置をしましょう。

重要ポイント

"おまじないの言葉"

子どもが泣きやまないときは、子どもを抱きしめて「泣かなくても、大丈夫だよ」と、優しく言ってあげましょう。

「大丈夫だよ」という言葉は子どもが安心する万能の言葉。抱きしめることは、子どもに安心感を与えます。

また、「いたいの いたいの とんでいけ〜」などの昔から伝わる「あやし言葉」には、不思議と痛みや不安を取り除いてくれる力があります。痛がっているところをさすりながら、唱えてみるのも効果的です。

> いたいの いたいの とんでいけー

処置の仕方

公園での処置

傷口の処置の仕方は、公園での擦り傷の場合、流水で洗い流すのが一般的です。

ただし、園によっては対応が違ってきます。（万が一ケガをしたときに使う自分専用の消毒液を自宅から持って来てもらって保管している場合など）自分の園の方針を聞いておきましょう。

外遊び・散歩編

1〜2歳

順番を待てない子がいたとき

遊具の順番が待てない子どもへの対応は
どうしたらよいのでしょうか？

シチュエーション

2歳児たちが公園の平均台で遊んでいますが、自分の順番を待てません。

保育者の行動　NG

① 「順番だよ。待っててね」と子どもたちに声をかけました。

「順番守ってください」

② 子どもたちは、まったく言うことを聞いてくれないので大声で怒鳴ってしまいました。

「順番！！」

保育者の心の中

聞こえてる？？？

何回言っても言うことを聞いてくれない。
楽しいのは分かるけど、ルールなんだから言うことを聞いてよ！
順番が待てないとまたケンカがはじまっちゃう……。
どうすればいいんだろう？

注意ポイント

NG言葉＆動作
・「○○ちゃん、順番よー、順番守ってねー」と注意して順番を守らせる。
・「何で待てないの？」と詰問（きつもん）する。

順番を待つのがルールだと子どもに教えようとしていませんか？

登園　室内遊び　外遊び・散歩　昼食・おやつ　衛生　昼寝　お迎え

こんなときに使えるHAPPY言葉

待ってくれてありがとう。○○君は次ね

分かった

HAPPY言葉の意味

保育者は子どもが順番を守れないことについてイライラしてしまいがちですが、2歳児には「順番を守って遊ぶ」という概念がありません。そのため、言葉かけだけで順番を守らせようとするのではなく、順番を守れずに先に遊んでいる子どもの邪魔をしそうなときには「ちょっと待って」と言葉をかけながら体でとめ、一緒に順番が来るのを待ちましょう。

子どもに順番を守らせることより、順番を待てたときに「待ってくれてありがとう」と、待つことができたことを保育者が喜んでいる気持ちを伝えましょう。

重要ポイント

順番の概念がない

個人差はありますが、順番を守る＝待つことができるという社会性が芽生えるのは、3歳を過ぎたころからです。

2歳児は、人とかかわって遊ぶというよりも、自分のやりたい遊びを1人で行うことが多いのです。

保育者が「順番を守りなさい！」と2歳児にどんなに叱っても、子どもたちには「叱られた」ことは分かっても、なぜ叱られたのかを理解することはできないのです。

ジェスチャーポイント

そっと体を抱きかかえる、手を握る

子どもに順番を待たせたいときに保育者は、座り込んで、両手で優しく子どもの体を抱えるように触れたり、手を握ったりして、子どもと一緒に待ってみましょう。

散歩の帰り道に寄り道したとき

外遊び・散歩編　1〜2歳

子どもが散歩からの帰り道、立ちどまります。
早く帰りたいのですが、どうしたらよいのでしょう？

シチュエーション

散歩の帰り道、1歳のAちゃんがアリの行列を見つけて、動かなくなりました。

保育者の行動　NG

① 先頭を歩いていたので、聞こえる大きな声で「行くよ〜」と言いました。

「行くよー」

② それでも、来ないので迎えに行き、「行くよ」と手を引っぱって、その場を去りました。

「行くよ！もう」

保育者の心の中

早くしてよ!!

好奇心旺盛なのはいいけれど、お昼ごはんの時間が近づいてきたから、早く園に帰らなきゃいけないんだよ〜。どうにかごまかしてお昼の時間に間にあうように連れて帰らないとね!!

注意ポイント

NG言葉＆動作

- 「ほら急いでるから帰るよ」と子どもを抱きあげる。
- 急いでいるので、イライラして子どもの手を引っぱる。

子どもが何に興味を持って立ちどまったのか、言い分を聞いてあげていますか？

こんなときに使える HAPPY言葉

うわ〜、アリさんだね。おもしろいね！

先生喜んでくれて嬉しい♬

HAPPY言葉の意味

保育者はお昼ごはん前にはすることが目白押しなので、時間に追われる気持ちは分かりますが、まずは子どもが何かを発見した喜びを受け入れましょう。

そして、そのまま子どもを抱きあげて「今日はもうお昼ごはんを食べる時間だから帰ろうね」と、少し先の見通しを伝えます。すぐにお散歩カーにのせるなど、気分を変えてから帰るとよいでしょう。

重要ポイント

1歳児のテーマは「ほら、見つけたよ」

1歳児の心の体験をのぞいてみると、何かを見つける→嬉しくなり、その感動を保育者に伝える→保育者に喜んでもらう→喜んでもらえて嬉しいので、もっと何かを見つけたいと思い、見つける→嬉しくなって保育者に伝える……の繰り返しです。この時期は、好奇心のかたまりで、何かを発見する能力がすごい時期。子どもが発見したことを大人が共感し、発見や感動の喜びを育むことが大切です。

保育者も、子どもの発見をできるだけ共感してあげましょう。

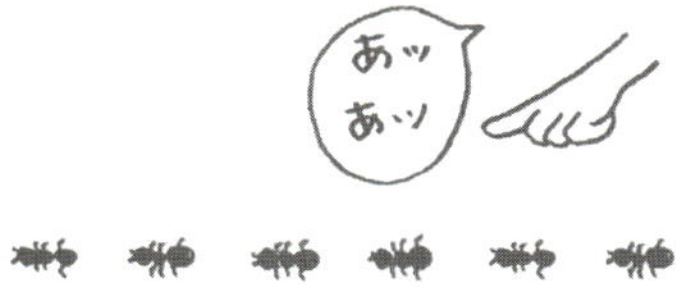

あッあッ

ジェスチャーポイント

子どもが見ているものを一緒に見つめる

保育者は、子ども自身が見ているものや感じている喜びを大切にしましょう。

子どもが指をさしたものに対して「アリさんがいっぱいだね。何をしているのかな?」などと、保育者も子どもと一緒に発見を楽しんでいる気持ちを言葉にして、たくさん伝えましょう。

登園 | 室内遊び | 外遊び・散歩 | 昼食・おやつ | 衛生 | 昼寝 | お迎え

外遊び・散歩編

1〜2歳

ものや人へいたずらをしたとき

私には考えられないいたずらをしています。
叱ったほうがよいのでしょうか？

シチュエーション

D君が花に砂をかけて遊んでいます。まわりにいる子どもにもかかっています。

保育者の行動　NG

① 「砂をかけちゃダメでしょう！」とD君の手をたたいて注意しました。

「お花に砂をかけちゃダメでしょ！」
バシッ

② D君は泣いていますが、無視をして花の砂をはらいました。

保育者の心の中

許せない!!

いくら子どもだからといって、みんなで育てた大切な花にいたずらするなんて許せない!!
しかもほかの子どもたちにも投げた砂がかかっちゃってるし……。やめさせるために手をたたいちゃった。
男の子だから花を育てることに興味がわかないのかな？

注意ポイント

NG言葉＆動作

- 「花に砂をかけちゃダメでしょ!」と子どもの手をたたく。
- 「こういうことをする子は悪い子」と子どもの人格を否定するようなことを言う。

子どもの行動に対して衝動的に怒ってしまい、根本的なことを忘れていませんか？

こんなときに使えるHAPPY言葉

（花に向かって）
砂がかかると嫌だよね〜

そうなんだ

HAPPY言葉の意味

「花に砂をかける」ことが悪いと思っていない子どもへ対し、感情的に怒っても何も解決しません。子どもには、保育者に怒られた感情のみが伝わり、なぜ怒られたかが分からないのです。

保育者は、叱るよりも「D君は、お顔に砂がかかると嫌だよね?」、「砂が花にかかったままだと、花は枯れちゃうよね?」など、花に砂をかけるとどうなるかの結果を客観的に伝えながら、砂を砂場に戻すことを子どもにも一緒にさせましょう。

重要ポイント

子どもの善悪

そもそもこの時期の子どもには、まだ善悪の判断がつきません。「花に砂をかける」という行動は、ただ興味本位でするだけなので悪い行動だと思っていないのです。

「花が枯れちゃうからね。花が枯れたら嫌だよね」と、分かる言葉で理由を伝えることは大事ですが、それが本当に分かるまでには時間がかかります。

善? 悪?

ジェスチャーポイント

子どもにも一緒に責任を取らせる

「一緒に砂を集めてくれる?」と声をかけ、子どもに最後まで責任を取らせましょう。花にかけて遊んでいた砂を砂場に戻したら子どもに「ありがとう」と伝えます。

登園 / 室内遊び / 外遊び・散歩 / 昼食・おやつ / 衛生 / 昼寝 / お迎え

自分の意見を押し通すとき

外遊び・散歩編
3〜5歳

年長になると、自分の意見を押し通そうとする子がいます。どうするべきですか？

シチュエーション

散歩に行くのに「B君と手をつなぎたくない！ G君がいい！」と言っている5歳のSちゃん。

「B君と手をつなぎたくないの！」
「G君がいい！！」

保育者の行動　NG

① 「今日はガマンしてつないでくれる？」とお願いしました。

「今日はガマンしてつないで。」

② 嫌々つないでいるので「いい加減にしなさい」と怒りました。

「Sちゃん いい加減にして!!」

保育者の心の中

ワガママが通るわけないよ

　ここは自分の家ではなくて、園の集団生活のルールがあるんだから、そんなワガママばかり通るわけないからね!!
　年長なのに、こんなにワガママで大丈夫なのかな？小学校に入ったら大変だよ！

注意ポイント

NG言葉＆動作

・「今日はガマンして歩きなさい」とガマンさせる。
・「今日は○○ちゃんと手をつないでね」と大人が干渉して決める。

ワガママを言っている子どもの問題を保育者が解決していませんか？

こんなときに使える HAPPY 言葉

じゃあ、誰だったらいいのかな？替わってくれるか聞いてごらん

分かった。聞いてみる！

HAPPY言葉の意味

「手をつなぎたくない」、「嫌だ！」と自分の意見を押し通そうとするとき「ワガママ言うんじゃありません」と怒ってしまうと、子どもが自分で決める機会を奪ってしまいます。

そのため「嫌なら、どうしたらいいか」を考えさせましょう。

「手をつなぎたい人に自分で交渉してみたら？」と保育者が子どもに提案するのもひとつの方法です。

思い通りにならない現実や、それによって起きてくる葛藤の体験も、大事な成長のエネルギーになります。

重要ポイント①

保育者は見守る

子どもに自分で交渉させると時間がかかり、散歩の出発時間が遅れるかもしれません。

でも、子どもたちが自分で問題を解決し"納得する"ことが大事です。保育者はできるだけ見守りましょう。

ガマンや葛藤を経験する中で、子どもは人とかかわろうとする力が身についてきます。

自分で交渉してきな。

重要ポイント②

子どもたちで決める

「○○君（ちゃん）と手をつなぎたい」というもめごとは、よくあります。手をつなぐ相手を、保育者ではなく、子ども同士で先に決めさせておくのももめごとを減らすひとつの方法といえます。

「お散歩までに自分で手をつないでほしい人と、話しあって決めてね」と、子どもに提案してみましょう。「今日は一緒に手をつなごうよ」と、子ども同士が朝から交渉しあうかもしれませんね。

一緒に手をつなごう　うん

花を摘んでしまった子がいたとき

外遊び・散歩編　3〜5歳

花壇の花を勝手に摘んでしまった子どもに、はっきり注意してよいのでしょうか？

シチュエーション
みんなで育てていた園庭にある花壇の花をEちゃんが摘んでしまいました。

保育者の行動　NG
① Eちゃんに大きな声で怒りました。
「ダメでしょう！」

② 反省していないようだったので、近くに寄り、手をたたいてもう一度強く怒りました。
バシッ

保育者の心の中
しっかり怒らなくちゃ!!

みんなで大切に育てた花を摘むなんて、やってはいけないことだってことぐらい分かるよね？
ここはEちゃんの将来のためにもきちんと怒らなくちゃ。
女の子だし怒られたことを引きずらないような怒り方をしなきゃ。

注意ポイント
NG言葉＆動作
・「花を摘んじゃダメって分かってるでしょ？　何で？」と詰問（きつもん）する。
・「○○ちゃんだけ、どうして花を摘むの?」と叱りつける。

子どもに「もう二度としません」と言わせようとしてませんか？

こんなときに使える HAPPY言葉

あーっ、摘んじゃったの〜。
みんなで育てたお花を摘んじゃったら、先生は悲しいな

……

HAPPY言葉の意味

「花を摘んじゃダメじゃない」と子どもの行為をとがめるのではなく、まず「みんなで育てたのに、花を摘まれて私は悲しい」という保育者であるあなたの気持ちを子どもに伝えることがポイントです。

そのあとに子どもの言い分を必ず聞いてあげましょう。「好きな男の子にあげたかった」など、その子なりの理由があるはずです。

理由を保育者に話しているうちに、子ども自身が自分勝手なことをしたことに気づくことがあるかもしれません。

重要ポイント①
子どもを詰問しない

保育者は、子どもに大切なことを伝えたいとき、熱心なあまり感情的にならないように言葉の語気に気をつけましょう。

「何で摘んだの?」、「それってどうなの?」「ごめんなさいは?」と詰問したり、「もう二度としません」と無理に言わせても、大人が納得するだけで、子どもには「怒られた」という気持ちしか残りません。

どうするの？
なんで？
だから

重要ポイント②
子どもの納得

子どもを注意するときに大切なのは、保育者が納得することではなく、子どもが納得することです。「みんなが摘みたくて摘んだら、この花どうなる?」と子ども自身に考えさせ、「もう摘まない」ことを自分自身で納得できるように促したほうが、叱りつけたり、「二度としません」と子どもに言わせるよりも、効果的な方法です。

みんなが摘んだらどうなる？

虫をわざと殺してしまったとき

外遊び・散歩編　3〜5歳

> 男の子が虫を殺してしまったとき どのように指導したらよいのか分かりません。

シチュエーション
5歳のN君。園庭でバッタをわざと殺しています。

保育者の行動
① あまりにもむごいので「やめて〜」と絶叫しました。

　　　　「やめてー!!」

② 理解できず、「何でそんな残酷なことするの？」とD君を怒りました。

　　　　「なんで そんな 残酷なことするの??」

NG

保育者の心の中
理解できない

子どもが虫を殺して遊ぶなんて……。訳が分からない。私、どうしたらいいんだろう？
ただ怒ってやめさせることしかできないなんて、自分の無力さを感じる……。

注意ポイント
NG言葉＆動作
- 「残酷なことはやめなさい」と主観的に叱る。
- 保育者が騒ぐだけ騒いでバッタの死骸をそのまま放っておく。

「残酷なことはやめなさい」と子どもを頭ごなしに怒っていませんか？

こんなときに使えるHAPPY言葉

見てごらん、生き返る？もう生き返らないよね？

そうだ。もう、生き返らない……

HAPPY言葉の意味

この時期の子どもは、「命の大切さ」を知ることが重要なテーマのひとつ。しかし、子どもが虫を殺して遊ぶ行動は、よくあることです。保育者自身が虫嫌いでも動揺してはいけません。

感情的に「残酷なことはやめなさい」と叱るのではなく、「死んじゃったね。生き返るかな？」と自分がしたことを客観的に見せて、もう虫が生き返らないことを自分で気づかせましょう。

死んでしまったバッタは、保育者が後始末するのではなく、子どもに最後まで責任を持たせましょう。

重要ポイント

子どもに最後まで責任を持たせる

もし、保育者が虫嫌いだとしても、子どもが殺した虫を子どもの目の前で急いでゴミ箱に捨てることは絶対にやめましょう。それでは、子どもに「命の大切さ」を教えることができません。

保育者は、子どもに「もうこのバッタには命がない、生き返らないんだ」ということを気づかせたら、一緒に死んだバッタのお墓をつくり、そこに埋めてあげましょう。

「お墓をつくること」が重要なわけではなく、子どもに「自分のやったことは最後まで責任を持たせる」ことが重要なのです。

また、命の大切さを学ぶためにクラスで虫を飼育するなど、日々の生活の中で、生き物とのかかわりが持てる環境をつくるのもよいでしょう。

保育室の手の届くところに図鑑などを用意して、「虫の一生」など、子どもが興味を持ったことを調べたり、確かめられるようにしておくのもよいですね。

×　ゴミ箱に保育者が捨ててしまっては、子どもは何も学べません

○　子どもが嫌がっても最後まで責任を取らせましょう

危険な遊びをするとき

外遊び・散歩編　3〜5歳

年長クラスになると、手に負えず、危険な遊びをしたりします。どうすればよいのでしょう？

シチュエーション
運動神経のよいG君は、昇り棒のてっぺんで足をかけて逆さになり、「すごいだろう」と友だちに自慢しています。

保育者の行動　NG
① 発見した場所から、「降りなさい！危ない！」と怒鳴りました。

「降りなさい！危ない！！」

② G君の近くに行き「何で？ 二度としないで」と子どもに怒りました。

「なんで？危ないじゃん!! 二度としないで!!」

保育者の心の中
ケガをしなくて本当によかった

ビックリした。ケガをしなくてよかった。何であんな危ないことをするんだろう？
理解がまったくできない。
怒っても、またどうせやるんだろうな……。

注意ポイント
NG言葉＆動作
・「危ないでしょ！ 早く降りて！」と怒鳴る。
・「もういいかげんにして！」、「どうして○○君だけ、そんなことするの」、「何度言っても分からない子」と叱る。

子どもの人格を否定した叱り方をしていませんか？

> こんなときに使えるHAPPY言葉・・・ そこから降りて
> （毅然(きぜん)とした態度で）

HAPPY言葉の意味

子どもが注目を集めたくて、わざと危険なことをするときは、保育者は子どもの行動をとめなくてはいけません。

しかし、遠くから怒鳴ってやめさせようとしても、その子の「注目を集めたい」という"期待"に応えるだけで、ますます調子にのらせてしまうだけです。

「いちばん伝えたいこと」＝「やめてほしいこと」は、その子のそばまでかけ寄り、目を見て冷静に、真剣な表情で伝えるようにしましょう。

そのあと、その子が降りてくるのを待ちましょう。

重要ポイント

頭ごなしに叱らず、毅然とした態度で

危険なことをした子どもを「もういい加減にして。危ないでしょう」と感情的に叱っても逆効果で、また同じことを繰り返します。

保育者は、叱る前にまず子どもの安全を確保しましょう。次に毅然とした態度で「どうしてあんなこと、やりたくなっ

（いつもみてるよ／安心だな）

注目を集めたい子どもには、保育者が言葉だけではなく、行動でも「見守っているよ」というメッセージを送り続けましょう

（子どもの感情）

たのかな？　教えてよ」と、耳を傾けましょう。

注目を集めたい子どもは、保育者にもっと気にかけてほしいと思っています。保育者が一緒に遊びながら、「もっとあなたのことを知りたいと思っているのよ」というメッセージが伝わるように、その子と信頼関係をつくっていきましょう。

保育者に気持ちをしっかり受けとめてもらえた子どもは「見て見て～」という関心を引く行為も少なくなっていくでしょう。

外遊び・散歩編

3〜5歳

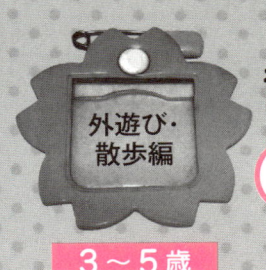

散歩帰りに歩きたがらないとき

ふざけて歩くのを嫌がった場合の対処の仕方を教えてください。

シチュエーション

いつもより少し遠くの公園に散歩に行った帰り道、「疲れた〜」とF君が言い出しました。

保育者の行動

① 「そんなこと言わずにがんばろう」と励まします。

② しぶしぶ歩き出したので「ちゃんと歩きなさい」と怒りました。

NG

保育者の心の中

みんな同じだよ

F君だけじゃなくて、みんな同じ気持ちだよ。F君もそこに気づいてほしいなぁ。
誰もワガママ言わず歩いているんだから歩こうよ。
怒るより、「みんな応援しているからがんばろう!」と励ましたほうがよかったかな?

注意ポイント

NG言葉&動作

・「ほら座ってないで、歩いて帰ろう」と子どもの手を引っぱる。
・「○○ちゃんもがんばってるんだから、がんばって帰るよ」とイライラして怒る。

上から目線で「がんばろう」と言っていませんか?

こんなときに使えるHAPPY言葉

私も疲れた〜

えっ？先生もボクと同じ？

HAPPY言葉の意味

5歳児に正攻法で「がんばって歩こう」と言っても動かなかったり、不満を言い続けたりします。歩けないと言った子どもも本心では「歩かなければいけない」と分かっています。

こんなときは、保育者も「疲れた〜」と言って歩くのをやめて、子どもと一緒に座り込むというのもひとつの方法です。

普段の大人と子どもの「教える、学ぶ」という関係ではなく、子どもの世界まで、自分を下げてみるのです。そうすると案外、「しかたないな〜」と子どもの心が動くこともあるのです。

重要ポイント

保育者と子どもという枠を外す

ときには保育者が、子どもと「同じ目線」になることで解決するという方法があることを知っておきましょう。正攻法で、どんなに理屈を言っても、子どもの心に届かないときもあります。

保育者も、大人という認識を捨て、子どもと一緒に"大きな仲間"になって、子どもと対等な関係を築けば「先生は僕たちの気持ちを分かってくれる」と子どもが親近感を持ち、より信頼関係も深まるでしょう。

同じ気持ちだね
うん

子ども同士の言葉かけ

子どもと協力しあう

5歳前後になると、こういうことをする子はいけないといった自我のイメージもある程度できています。「疲れた〜」といって保育者も歩かないとなると、必ず真面目な子がムキになって「歩こうよ」と注意を促してくるはずです。

そんなときは、ワガママを言った子どもと保育者がきちんとみんなに謝って気持ちを切り替えて一緒に歩き出すのもよいのではないでしょうか？

歩かなくちゃダメだよ

ケンカの仲裁の心得

子ども同士のケンカを仲裁するとき、みなさんはどうしていますか？
ケンカ両成敗で謝らせる、どっちも悪いと怒る、泣いている子をフォローする……。
保育者としてのケンカの仲裁の心得を監修の増田さんに聞いてみました。

ケンカは当たり前のこと

　2歳までは物と自分の遊び（1人遊び）をしていますが、3歳からはほかの友だちとのかかわり遊びが多くなります。

　かかわり遊びの中ではケンカがあるのは当たり前です。子どもはケンカをしながら、自分以外の人の気持ちを理解するようになります。そして、「思いやりの心」というものを学んでいきます。これは、保育者が子どもに教えたり、押しつけるものではなく、子ども自身が体験を通して身につけていくのです。

　まず「ケンカはダメ」という考えから「ケンカは当たり前」と覚悟を決めましょう。

　私の保育園は、子ども自身が自己決定できるように心がけています。自己決定とは「子ども自身が決めること」。すなわち、保育者の考えを押しつけるのではなく、子どもが決めることを「引き出す」ということです。

　保育者は子どもがケガをしない範囲でケンカを見守り、自分たちで問題解決できるように落ち着いて話せる場を提供しています。

　その自己決定をさせるためのキーワードの言葉は「どうしたかったの？」、「どうしたらいいと思う？」です。

「ごめんなさいは？」ではなく「どうしたかったの？」

KEYWORD

　ケンカをしたときに保育者が子どもに「ごめんなさい」を強要しないようにしましょう。「ごめんなさい」を言わせて解決したと思っているのは、実は保育者だけなのです。子どもの中には「ごめんなさいを言わされた」という思いがつのるだけかもしれません。

　ケンカの仲裁に「ごめんなさいは？」と言う代わりに「どうしたかったの？」と聞いて子どもに理解を示すことが、子ども自身で自己決定するきっかけになったりするものです。

「何で？」ではなく「どうしたかったの？」

KEYWORD

保育者がケンカの仲裁に入ると「仲よくしなきゃダメでしょう」、「何でそうなるの？」、「それっておかしくない？」など詰問（きつもん）してしまう場合が多いようです。そして詰問をしていることに、保育者自身は気づいていないことがほとんどです。

「先生が怖いから、ケンカをやめた」、「本当は謝りたくないのに謝った」では、子どもは納得していません。

もし自分が子どもだとして、ケンカをしたとき、先生に「仲よくしなきゃダメでしょう」と言われたら、どんな気分がしますか？　仲よくできますか？　答えは「仲よくなんて、できない」だと思います。そして「何で先生は、私の話も聞かずに仲よくしろと言うんだろう？」というような不満がわきあがってくるのではないでしょうか？

保育者目線で子どものケンカの仲裁をするのをやめてみませんか？

ケンカをした子どもたちの言い分をそれぞれ聞いて「じゃあ、どうしたかったの？」と伝え、あとは子どもに任せましょう。子どもたちには自分たちで解決する力があるのです。

以上を踏まえたうえで、ケンカの仲裁を見てみましょう!!

ある日のもめごと

C君とD君がケンカをしています。あきらかにD君が嘘をついているように見えます。

子どもが嘘をついているとき、保育者は嘘をついているだろう子どもに「嘘をついちゃダメでしょう」と叱るのは禁物です。嘘をつく子どもは「嘘をつこう」と思って言っているのではなく、「叱られる」と思うから嘘をつくのです。

「嘘をつくなんて最低!!」と叱ったところで、その子どもは、また叱られないように嘘を重ねます。

こんなときは、2人同時に話を聞くことをおすすめします。そして2人に「どうしたかったの？」かを聞いて、「そうなるためにはどうすればいいの？」と子どもたちに考えさせて、自分たちで解決するのを見守りましょう。

ポイント

園で起きた問題は園で解決する!!

子どもの問題を家庭のせいにする保育者も見受けられます。乱暴な子どもは家庭での愛情不足が問題なのでしょうか？

いいえ。違います。それは保育者の思い込みです。

問題解決は、その現場でしかできません。家庭の問題ではなく、園で起きた問題は園の問題です。それを解決するのは、ほかの誰でもなく、あなたなのです。他責を自責に変えれば、おのずと解決されていくものです。

Column 3
がんばっている自分を認める

保育者の仕事は、子どもと向きあう仕事。
いくら子どもが好きでも、たまには「息抜きをしたい」、「疲れた」、「私って不向きかも……」
と思うこともあるでしょう。
そんなとき、自分自身を好きになる自分への言葉かけの方法を紹介します。

HAPPY言葉 ❶ 自分にむかって自己宣言

朝、歯を磨くとき、お化粧をするとき、鏡を見たときに自分に向かって「私は○○です」と言ってみましょう。
たとえば「私はいつも笑顔です」「私は○○できます」など。これをアファメーションと言い、自分に対して意識的にプラスの暗示言葉をかけることで、無意識のうちに「私には○○できない」「私には無理」とあきらめたり、決めつけてしまっているマイナスのことをプラスに変化させることができます。

HAPPY言葉 ❷ できない自分を許す

何かができているときは、みんな「自分にOK」が出せますが、何かができていないと自分を許せない人が多いです。
「これができなくてもOK。いいよ、いいよ。こんな自分を許す許す!」と自分を許す言葉を自分にかけてみましょう。

HAPPY言葉 ❸ クリアリングをする

嫌なことがあったとき、クリアリング（清算）をしてみましょう。
①まず、言葉と動作を決めます。たとえば「なしッ!」と言って脇を固める動作にしたとします。
②落ち込んだり、イラッとしたときに①で決めた動作をして「忘れた」と決めます。これを落ち込んだりイライラするたびに何度も繰り返し行うことで、イライラしたり、失敗をクヨクヨしたりすることがなくなります。
また、落ち込みがひどく、嫌な想像がとめどもなく出てきたときは、「私、それでいいの？本当に望むことなの？」と自分に問いかけましょう。
そして「キャンセル！　キャンセル！　望まない」、本当はどうなりたいか「○○になりたい」、「○○になる」などと声に出したり、強く思いましょう。

PART 4

園生活での言葉かけ
昼食・おやつ編

保育者の言葉かけひとつで
楽しい時間にもつらい時間にも変わります。
楽しく過ごせる、とっておきのコツをお伝えします。

昼食・おやつ編
0歳

ミルクを飲みたがらないとき

ミルクを乳児が嫌がるときに
上手な与え方ってありますか？

シチュエーション

6ヵ月のHちゃん。ミルクを飲みたがりません。

保育者の行動　NG

① 飲ませないとダメだと思い、強引に哺乳瓶を口の中に入れて飲ませようとしました。

② とにかく嫌がるので、「何で？　飲まないの？」となげいてしまいます。

なんで？

保育者の心の中

私の何が悪いの？

私も一生懸命やっているんだけど……。飲んでくれないと不安になっちゃうよ。お願いだから飲んで……。
お腹がすいたままだと大変だし、私がすごく責任を感じちゃうんだけど。

注意ポイント

NG言葉＆動作

・強引に哺乳瓶を口に押し込む。
・保育者の都合で、早く授乳を終わらせようとする。

乳児へ「ミルクの時間が早く終わればいいのに」という嫌悪感を持っていませんか？

こんなときに使えるHAPPY言葉

> よしよし、お母さんじゃなくてごめんね。
> でも私、お母さんの代わりをしたいの！

HAPPY言葉の意味

保育者がミルクを飲みたがらない乳児に無理やりあげても吐き出すだけです。「どうしてだろう？」、「何で飲んでくれないんだろう？」と不安になっても、その不安な気持ちは乳児にも伝わり悪循環です。

それよりも、「私がお母さんの代わり」と気持ちを切り替え、まずは乳児を抱っこして、目をあわせ「う〜う〜」、「お話上手だね」といった喃語（なんご）を促す言葉をかけましょう。乳児とほっこりした気分を共有しながらミルクをあげてみましょう。

重要ポイント

どうしても飲まないとき

ミルクの味に慣れなくてどうしても飲まないときは、乳児の口元に一滴たらして「ミルクだよ」と声をかけて慣らしてみましょう。

それでも飲みたがらないときは、スプーンであげてみるのもよいでしょう。

また、哺乳瓶の乳首を嫌がるようなら保護者と相談しながら、乳首の材質や形状を家庭で使い慣れているものと揃えるなど、いろいろ試してみましょう。

ジェスチャーポイント

両手が自由に動くように抱っこする

保育者が乳児にミルクを飲ませるときは、乳児の手を自分の脇の下に挟んで乳児が動かないようにしてミルクを与えるのではなく、乳児の両手が自由に使えるように抱っこをして与えるのがポイントです。

乳児にとって、授乳は食事と同じことです。両手を自由に使えることはやがて、両手で食事ができる準備になります。

昼食・おやつ編

0〜1歳

離乳食を嫌がるとき

離乳食がなかなか進まないときは、どうしたらよいのでしょうか？

シチュエーション

離乳食をあげても、6ヵ月のB君はプイッと横を向いて食べてくれません。

プイッ

保育者の行動　NG

①「食べないと大きくなれないよ」と言って強引に食べさせようとしました。

ほら、食べなきゃ大きくなれないよ

②せっかく食べさせたものをベーッと口から吐きだしました。

べ〜

保育者の心の中

イライラする！！

せっかく食べさせているのに、何で出すわけ？
そんなに私、変なあげ方はしていないけど……。
原因がまったく分からないから、どうしていいのか迷っちゃう。イライラしてきちゃったなぁ〜。
これから先もこの調子だと食事の時間が憂鬱になっちゃいそう……。

注意ポイント

NG言葉＆動作

・離乳食の初期から、口の中にスプーンを入れて食べさせようとする。
・子どもが食べないと、「どうして食べないの？」とイライラして叱る。

保育者が食事の時間を楽しい時間じゃないものにしていませんか？

こんなときに使える HAPPY言葉

スープだよ〜
（スプーンを横向きにして乳児が吸うのを待つ）

HAPPY言葉の意味

　10ヵ月ごろまではイスに座らせるよりも、保育者が抱っこをして食べさせることをおすすめします。

　離乳食は、子どもが自分で食べたという実感を持つことが重要です。たとえば離乳食初期、スプーンで離乳食を与えるときは、乳児が口を開いて自分で吸うまで待ちます。このように保育者のペースではなく子どものペースにあわせて進めましょう。

　また保護者は「家庭でも離乳食をちゃんと食べさせなくちゃ」と思いがちですが、それよりも子どもがリラックスして「食べたい」という食べる意欲を育てることにじっくりと取り組むことを伝えてみましょう。

重要ポイント

離乳食の与え方

ポイント①食べる姿勢

　腰がすわる10ヵ月ごろまでは、姿勢が不安定なので、イスに座らせると食事に集中できない可能性もあります。食事は保育者のひざの上で向きあうように進めましょう。

一人で15分以上お座りできるようになったらイスに座らせましょう

ポイント②イスへの座らせ方

　イスは、背中と腰が直角に曲がる高さのものを選びましょう。そして、両足が必ず床につくものを選びます。つかないときはイスの下にマット（足台）を入れて高さを調節しましょう。

座ってひざが90度になるように背中にクッションなどを入れて調整しましょう

ポイント③スプーンでの与え方

・離乳食初期

　保育者は、スプーンを横向きにして、子どもの下唇の上にのせます。
　「スープだよ〜」と声をかけ、乳児が「スーッ」と吸うて反射で吸うのを待ちます。

くれぐれも保育者が子どもの口の中に入れないように。必ず子どもが吸うまで待ちましょう

・離乳食中期

　その乳児が舌でつぶせるくらいのひと口の量をスプーンにのせ、今度は縦向きにして子どもが自分から「パクリ」と食べにくるのを待ちます。

このとき、ひと口の量が多いと、口の中がいっぱいに。「舌でつぶす」ことができる量に注意しましょう

遊び食べをしてしまうとき

昼食・おやつ編　1〜2歳

食事中に遊び食べをして食事が進まない子どもにはどんな言葉をかけたらよいでしょうか？

シチュエーション

1歳6ヵ月のF君。食事の途中なのにコップをガンガン机にぶつけて遊んでいます。

保育者の行動　NG

①「やめて〜。そんなことするの」と注意しました。

「やめてー そんなことしているなら 食事やめようね」

②やめないので、食器を無言で片づけました。

保育者の心の中

ごはんがもったいない

ごはんもそっちのけで、遊び出すなんて。ごはんを食べることに興味がなくていつも遊んでしまうなぁ。
完食する日がくるのだろうか？
遊び食べさえしなきゃいい子なのに……。

注意ポイント

NG言葉＆動作

・「汚いからやめて！」「食べ物で遊んじゃダメ！」と叱る。
・「遊ぶ子は食べさせないよ」と脅し言葉を使って、食べ物を取りあげる。

遊び食べをする子どもが悪いと思っていませんか？

こんなときに使えるHAPPY言葉

一緒に食べようね
（スプーンを2本用意して
お手本を見せながら）

HAPPY言葉の意味

　子どもの遊び食べには「スプーンが上手に使えない」、「食べものの好き嫌い」、「保育者の関心を引きたい」、「すでにおなかがいっぱい」などの理由があります。食べることへの意欲が少ない子どももいます。この時期は、忍耐強く子どもをよく見てかかわることが大切になります。

　また、スプーンが上手に握れない場合は、スプーンを2本用意して、保育者がお手本を見せながら、「こうしてね」と伝えると分かりやすいでしょう。

　食事をはじめて20分くらいを目安に、子どもが遊び食べをはじめたら無理やり食べさせるのではなく、「ごちそうさま」をしてサッと片づけてしまいましょう。

重要ポイント

スプーンの握らせ方

ステップ①スプーンの握り方

　スプーンの持ちはじめは、「上握り」から。逆手握りをしていたら、「こんなふうに、上から持ってごらん」と上握りを促します。

　ひじがあがりすぎていないか、手首は返っているかを確認します。手首がグラグラしているときは、子どもの手に力が入るように上から保育者が握ってかためてあげましょう。

はじめはスプーンをグッと上から握ります

ひじを上げて食べていたらひじを支えて下げましょう

手首がグラついているときは、上からグッと握ってスプーンを固定します

ステップ②えんぴつ持ち

　上握りでこぼさないように食べられるようなったら、「えんぴつ持ち」に進めます。親指とひとさし指を伸ばして「鉄砲」の形をつくらせ、そこにスプーンを持たせましょう。

ステップ③箸

　えんぴつ持ちでごはんをうまく食べられるようになったら「箸」に移行します。個人差があるのでその子のペースで進めましょう。

昼食・おやつ編

1〜2歳

食事に関心のない子がいるとき

食の細い、好き嫌いの多い子どもへの対応の仕方を知りたいです。

シチュエーション

2歳のE君。いつも自分から進んで食べようとしません。

保育者の行動 　NG

① 心配になり「食べようね」とE君に食べさせようとします。

② 口からせっかく食べさせたものを出され、不快感をあらわにしてしまいました。

保育者の心の中

何が不満なわけ？

確かに強引に食べさせたのは悪かったけれど、食べ物を出すことないじゃない。
なんでこんなに食べることに無気力なの？
好き嫌いが多いんだから、もう……。

注意ポイント

NG言葉＆動作
・「早く食べなさい」ときつく言う。
・「好き嫌いなく食べなきゃダメでしょう」と叱る。

食事を無理やり食べさせようとしていませんか？

こんなときに使えるHAPPY言葉

> この鶏肉、やわらかくておいしいよ。食べてみる？

> 先生がそう言うなら少し食べてみようかな？

HAPPY言葉の意味

「食が細い子ども」を、よく観察してみると、食べることだけでなく、遊びや生活でも「受動的」なことが多いようです。

これまで大人が次々に与えてしまったり、先まわりして世話をやいたりしてきたために、「自分から」行動することが少ないのです。

おもしろ体験をたくさんさせて、「食事をすること」が楽しくなれば、食べる意欲もわいてきます。保育者は、「おいしく楽しく」食べる意欲を育てるようにかかわっていきましょう。

重要ポイント

おもしろ体験をさせる

「食べる意欲を育てる」ために、その子が「あ〜！ おもしろかった！」と心から思うことが大切です。保育者は、ごはんを食べないからといって、食事に興味を持たせるように力を注ぐよりも、まず外遊びなど、その子が夢中になる遊びを見つけ、じっくりと遊べる環境をつくってあげましょう。

食事中は、ほかの子どもや保育者が一緒に食べて「これ、おいしいよ」、「食べてみる?」と声をかけたり、友だちがおいしそうに食べる姿を見せたりして、自然に「食べてみようかな」という気持ちを促していきましょう。

> 遊びおもしろかったー 今日は自分で食べる

昼食・おやつ編
1〜2歳

ムラ食いが気になるとき

突然ムラ食いをはじめた子どもがいます。
ムラ食いをなくす方法はありますか？

シチュエーション

2歳のK君。つい最近まで大好きだったにんじんをいきなり食べなくなりました。

「にんじん食べたくない」

保育者の行動　NG

① 「大きくなれないからがんばって食べよう」とK君を励ましました。

「大きくなれないよー がんばって食べてみよう」

② それでも「食べたくない」と言ってきたので「いいから食べなさい」と強要しました。

「食べなさい！」「食べたくない」

保育者の心の中

これでいいのかな？

本当は、にんじんが好きなはずなのに、私が怒ったことで嫌いになったらどうしよう？
責任感じちゃうな〜。
早くムラ食い終わらないかな？

注意ポイント

NG言葉＆動作
・「大きくなれないよ」という理由ばかりを押しつける。
・「食べないならいいよ」と下げてしまう。

子どもに対する「どうしたらいいか」の対応を迷っていませんか？

こんなときに使える HAPPY言葉

（にんじんを小さく切ってから）
私も食べておいしかったよ。
ひと口食べてごらん

ひと口だけだよ

HAPPY言葉の意味

なぜ子どもが食べられなくなったかの理由を探して臨機応変に対応しましょう。咀嚼力（そしゃくりょく）がまだ発達段階にあるため、にんじんのゆで加減がかたかったり、大きすぎたのかもしれません。

また保育者が「この玉ねぎ、ちょっとピリッとするけど大人の味。ちょっと味見してみて！」と演出とユーモアを交えた言葉をかけるのも効果的です。

食事は、みんなで「おいしく楽しく」が大前提。たいていの子どもは、楽しい雰囲気の中では、少々苦手なものでも、いつしか食べられるようになるものです。

重要ポイント

子どもが食べやすいようにする

子どもが食べないときは、まず保育者は、小さく切る、つぶす、味つけを変えるといった工夫をしてみましょう。

ただし、「これも食べなくちゃダメ！」と食べたくないと言っているものを無理やり食べさせられるのは、子どもにとってはつらいものです。食べてほしいという保育者側の気持ちを伝えながらも、多少の好き嫌いは受けとめていくことが大切でしょう。

ワンポイント

好みは変わる

1歳を超えた子どもの食事の悩みは「ムラ食い」。ある日はごはんだけをモリモリ食べたかと思えば、心配になるくらい小食になったり、別の日は野菜ばかり食べている……なんてことも。

こうした「ムラ食い」の好みは、成長とともに比較的早く変わるので心配はいりません。

偏食をなくしてあげたいとき

昼食・おやつ編 / **3〜5歳**

> 今、好き嫌いが多い子どもは
> ちゃんと食べられるようになるのか心配です。

シチュエーション
4歳のKちゃん。小食で、好き嫌いが激しいです。

（「これ食べたくない」）

保育者の行動 【NG】
① またかと思い、「これくらいは食べなよ」と少し食べるように促しました。
（「これくらいは食べて」）

② 「もっと減らして」と言われたので、イライラして「これくらい食べなさい！」と怒ってしまいました。
（「もっと減らして」）

保育者の心の中
また？好き嫌いが多いんだから！

毎回毎回、よくそんなに好き嫌いがあるな〜。将来、大きくなれるのかしら？
大人げない態度を取っちゃったけれど、あれくらい言わないと食べないからね……。
ちゃんと食べられるようにしてあげたい！

注意ポイント

NG言葉＆動作
・「嫌いなものも食べなさい」と怒る。
・「全部食べるまで、遊びに行ってはダメよ」と脅し言葉を使う。

保育者が「この子は好き嫌いが多い」と勝手に決めつけていませんか？

こんなときに使えるHAPPY言葉

（口の中に入れたら）
すごい！ 食べられたね！

意外とおいしい!!

HAPPY言葉の意味

　保育者は、偏食で食べられない子どもをよく観察し、好き嫌いの原因を見つけましょう。

　たとえば、過去に食べて不快な経験があったのが原因なら、保育者がおいしそうに食べて見せながら「食べてみる？」とその気にさせ、もし子どもが食べることができたら、ほめてあげましょう。

　また完食できることは、食べる意欲を育てる重要な要素です。苦手なものは最初から量を減らし、完食したら「ピカピカに食べられたね！」という言葉をかけ、意欲を育てるのもよいでしょう。

重要ポイント

好き嫌いをする原因

　子どもの好き嫌いの原因には、①舌触りや咀嚼（そしゃく）による場合。②食べ物に対する不快な経験（食事の強制、かたかった、骨がささったなど）。③大人の関心を引きたい（心因性）などがあげられます。子どもをよく観察し、好き嫌いの原因がこの中のどれかが分かればかかわり方も決まってきます。

　①の咀嚼が原因なら食べ物の形状を変えてみましょう。②の不快な経験が原因なら「これ、今まで食べたことがないくらいすっごくおいしいけど食べてみない？」と言って誘ってみましょう。③の関心をひきたい子には、普段からその子どもと保育者のかかわり遊びを増やし、「あなたのことを見ているよ」というメッセージを伝えてあげるようにします。

保育園の環境づくり

食材に関心を持たせる

　子どもと一緒にトマトやきゅうりなどをプランターや園庭で栽培してみましょう。水やりや収穫などを通して、野菜と触れあうことで野菜を身近に感じることができます。

　食材への関心を持たせることで、好き嫌いが減っていくチャンスになるでしょう。

食事中の言葉かけ

食物アレルギーの子どもへの言葉かけ

大切なお子様を預かるのですから、
食物アレルギーのある子どもの食事は食器やトレーを区別し、
誤配、誤食をしないよう、対応は徹底します。
そのうえで、よくある食事のトラブル解決法を紹介します。

2歳までの言葉かけ　誤食

　アレルギー対応で一番怖いのは、誤食。
　2歳くらいまでの子どもは、まだ自分がこれを食べるとアレルギー症状が出るということを理解していません。食べたかったらほかの子どもがこぼした食べ物（アレルゲン）を拾ってでも食べようとする危険があります。
　食事中は、保育者が横に座ってずっと見ているようにしましょう。
　子どもがほかの子の食事を食べたがったら「そうだよね〜。食べたいよね〜」と子どもの食べたい気持ちに共感し、「これを食べようね」と声をかけましょう。

3歳以上の子どものなにげないひと言への対応

「あれが食べたい！」

　3歳以上になると食物アレルギーの子どもは自分が食べてはいけないものを理解します。このころには、食物アレルギーの子どもの誤食は少なくなりますが、今度はアレルギーではない子どもが「何で○○ちゃんは、これが食べられないの？」とか「いいな〜、○○ちゃんが食べているのを食べたい」などと悪気もなく言い出したりする可能性があります。
　このとき、食物アレルギーの子どもの食事を"食べたい"と思う気持ちをなくさせようと「食べたらかゆくなっちゃうよ。それでもいいの？」などと言った脅しや差別するような言葉をかけるのはやめましょう。
　保育者は、子どもが「自分」と「友だち」の違いを認められるようになる、「違いを認める」言葉をかけていきましょう。たとえば「○○ちゃんは小麦粉を食べるとかゆくなっちゃうんだよ〜。かゆくなったら、かわいそうだからね〜。きっと○○ちゃんも○○君が食べているものを食べたいと思うよ〜」といった具合です。
　いろいろな子どもがいていいのです。人と違うところがあっていいのです。保育者の言葉かけを通じて、違いを認められる子どもになってほしいと思います。

食べる意欲を育てる言葉かけ

子どもにとって食べる意欲は
将来のためにとても重要なものです。

食べる意欲とは？

　食べる意欲とは子どもが自ら食べたいと思えることです。食べる意欲が少ない子どもは、どこか消極的だったり、遊びの中でも友だちの遊びを邪魔したり、ウロウロして集中して遊べなかったりするようです。
　このように子どもは食べる意欲がもとになり、遊ぶ意欲、もっと知りたい知識力へとつながっていくのです。「自分で食べた」と実感できるかかわりを持つ必要があります。

食べるのが遅いときの言葉かけ

　食べる意欲が育っていないと、食べるスピードが遅い、好き嫌いが多いなどが見られます。
　食べるスピードが遅い場合、どの程度の遅さなのかにもよりますが、基本的には、自分の意志で食べ続けているのであれば、食べさせ続けます。
　あまりにも遅いようであれば、「時計の長い針が"6"のところまでに食べようね」と言い、その時間になっても食べきれなかったときは、「約束の時間だけど、もっと食べる？ごちそうさまする？」と聞いてみましょう。

保護者からの食事の不安への言葉かけ

家で食べるのと園で食べるのとで違いがあると
感じている保護者も多いです。
そんな質問への言葉かけの一例です。

Q1 保育園ではよく食べていると聞くけれど、家であまり食べないのですが……

A 家での食事の量が多すぎたり、具が大きい可能性が考えられます。園で食べている量、大きさ、かたさを伝えてみましょう。「保育園のレシピを差しあげましょうか？」と提案してみるのもよいでしょう。

Q2 家では、ごはんをこぼしたり、遊び食べをしたり、食事に集中しないのですが……

A 食事に集中できない原因はいろいろと考えられますが、どんな姿勢で食事をしているか、聞いてみましょう。足がブラブラしてしまう高い机とイスの場合、集中しづらいようです。かかとが床か台に着くように座るだけでも違うので、園の工夫を見てもらうのもいいでしょう。また、集中しない理由が食器で遊ぶことなら、取っ手のない陶器を使ってみると両手で持ち、集中しやすくなります。

Column 4
保育者同士のトラブル

保育者同士のトラブルで多いのが報告のし忘れ。
陰口などのトラブルの解消方法について
監修の増田さんに聞きました。

トラブル 1
本当は相談しなくてはいけなかったのに忘れてしまっていて、気まずい雰囲気になってしまった場合

そもそもなぜ相談するのを忘れたのかを自分で考えてみましょう。

たとえば、「あのとき、相談しようと思ったけど、忙しそうだったから、あとにしようと思ってやめたんだった」とか「怒られたら嫌だと思って怖くて言えなかったんだった」などの答えが見つかるはずです。

ほとんどの場合、上司や先輩や同僚への「聞けない壁」、「言えない壁」にぶつかり、コミュニケーションが悪くなったと判断できます。

このままにしておくと、確実に関係が悪くなってしまいます。ではどうしたらいいかというと、自分で「聞けない壁」、「言えない壁」をこえるコツを身につけることです。

人を変えることはできません。自分で自分のパターンを見つけ出し、その壁をこえるしかありません。「あとにしよう」とすぐに思ってしまうなら、思った瞬間に何が何でも相談すると自分で決めるとか、「悪い報告をすると怒られそうで怖い」というのが自分のパターンなら、「相談しにくいんですが……。言っていいですか？」とか「報告しなければいけないことがあって……」などの前置きをして話してみましょう。

トラブル 2
人の悪口を言っている先輩保育者と一緒になって言ってしまうのが嫌な場合

人の悪口を言っている環境にいるのは、誰しも心地よいものではありません。

ただ、組織の中にいれば、こういった類のことを体験することも少なくないでしょう。

保育者の仕事はチームワークがとても重要です。

「自分は聞き役だけで、一緒に悪口を言わない」などのルールを自分でつくるとよいでしょう。

そして、できるだけ嬉しい、楽しい、ありがとう、大好きなどの明るい言葉を使うようにすると職場の雰囲気がよくなっていくでしょう。

「ホウレンソウ」の目的

保育者同士、日々「報告・連絡・相談」をすることによって、業務が円滑に進みます。

①報告
日々、仕事で起こる問題点、結果を上司に報告します。

②連絡
いつ、どこで、だれが、何を、なぜ、どのように行ったのかを連絡しましょう。

③相談
相談する内容を明確にして、自分なりの答えを用意してから相談しましょう。

ホウレンソウワンポイント豆知識

自分が分からないことを保護者に聞かれたときには……

勝手に判断することは禁物です。必ず上司に相談しましょう。保護者には、「分かりません」と答えるのではなく、「○日までに調べてお答えします」と伝えましょう。

PART 5 園生活での言葉かけ 衛生編

園生活を清潔に過ごせるようにしつけるのも
保育者にとって、とても大切な仕事。
子どもの自立につながる言葉かけを紹介します。

衛生編 0歳

おむつ替えを嫌がるとき

いつもおむつ替えを嫌がる子どもがいます。どうしたらよいのでしょうか？

シチュエーション

おむつ替えの時間になったので乳児を抱きかかえました。

保育者の行動

① おむつを替えようとあお向けにすると、泣きはじめました。

② 乳児が激しく抵抗するので、困惑しています。

困ったなー

保育者の心の中

何でいつも？

何でいつもおむつ替えを嫌がるんだろう？　何か方法がないかな？
毎回嫌がられると一生懸命やっている私も悲しくなっちゃうよ〜。

注意ポイント

NG言葉＆動作
・乳児が泣いていても無言でおむつを替える。
・「また？」と嫌な顔をする。

おむつ替えをもくもくと作業のように行っていませんか？

こんなときに使えるHAPPY言葉

おむつ替えて キレイになろうね～

HAPPY言葉の意味

保育者の日常は、おむつ替えや食事の世話などに追われて大変です。そのため、時間になったからと無言で乳児を抱きかかえ、おむつ替えをすると乳児は驚いておむつ替えを嫌がることがあります。

反対に保育者から「おむつを替えてキレイになろうね」と言葉をかけてもらうと、乳児には「基本的信頼感」＝「私は大切にされている」という実感が生まれます。

「まだ、赤ちゃんだから意味が分からないだろう」と言葉をかけずにもくもくとおむつを替えるのではなく、必ず乳児の目を見て笑顔で「おむつ替えるね」、「気持ちいいね」と声をかけてからおむつを替えましょう。

重要ポイント

おむつ替えのポイント

ステップ1 子どもに声をかける

おむつを替えようと抱っこをする前に必ず保育者が「おむつを替えに行こうね」と子どもに言葉をかけましょう。おむつを替える場所を必ず決めて毎回そこで行うと見通しを持つことができます。

ステップ2 マッサージをする

おむつを替えるのを嫌がる子どもは、あお向けになるのが嫌いなようです。おむつを替えるときに子どもの体をマッサージしながらスキンシップをはかり、体をほぐしてあげるとよいでしょう。

ステップ3 足を引っぱらない

おむつを替えるとき、子どもの足を引っぱってしまっては、子どもが痛い思いをするだけです。お尻の下に手を入れて替えましょう。

ステップ4 保育者の手を持たせて起こす

おむつ替えが終わったら、手を消毒し、「起きようね」と言葉をかけ、保育者の両手の親指を子どもの前にさし出します。子どもにそれを握らせて起きあがるように促します。

衛生編 1〜2歳 顔や手をふくのを嫌がるとき

食事後の顔や手をふくのを嫌がるときに
どう対応したらよいのでしょう？

シチュエーション
1歳のE君。食事のあとに子どもの顔や手をふこうとしたら嫌がっています。

保育者の行動　NG
いつも嫌がられるので、「またいつものことか」と思い、無言でそのまま、ふいています。

保育者の心の中
やってあげているのに……

せっかくやってあげているのに、いつも嫌がる……。何が不満なの？　と思っちゃう。
それとも私のふき方が悪いのかな？
こう毎日続くと、たまにかわいくないなぁと思ってしまうなぁ。

注意ポイント

NG言葉＆動作
・子どもが嫌がっているのを見ながら、無言でふく。
・無理やりキレイにしようとする。
・嫌がっても、子どもの顔をふくのをやめない。

子どもの不快な気持ちに気づかず無理やりキレイにしようとしていませんか？

こんなときに使える HAPPY言葉

キレイにしようね

心地いいなぁ～♡

HAPPY言葉の意味

タオルで顔をふくときに嫌がる理由は、タオルが冷たい、臭い、痛いなど不快な体験によるものが多いようです。

保育者は子どもの表情をよく見ながら、キレイにすることが「心地よい経験」になるように気をつけてふきます。子どもの顔が汚いからといって、ゴシゴシと力まかせでふいたりしないようにしましょう。

また、子どもはいきなりタオルで顔をふかれると、ビックリしてしまいます。必ず「キレイにしようね」と言葉をかけてから、ふいてあげましょう。

重要ポイント

子どもの清潔と自立

生活習慣の自立は右図のように、0～3歳までは、人からやってもらうことが多く、3～6歳になると、自分でできることが多くなります。

その中でも清潔の習慣は、3歳までに子どもが身をもって「清潔にすることは"心地よいこと"」という経験をしておけば、自分で清潔にしようとする力が身につきます。

日常生活の中の清潔の習慣

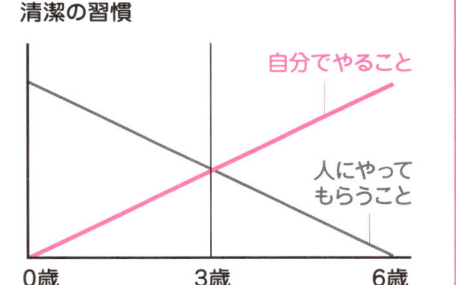

（グラフ：0歳から6歳にかけて「自分でやること」が増加し、「人にやってもらうこと」が減少。3歳で交差）

ジェスチャーポイント

手をふくときのふき方のコツ

いつものことだからと無意識にパパッと子どもの手をふいていませんか？

タオルで手をふくときは、「手をキレイにしようね」と声をかけ、タオルの上に子どもの手を置いて、手を包むようにふきます。そうすれば、子どもには心地よさが伝わっていきます。

一度試してみてください。

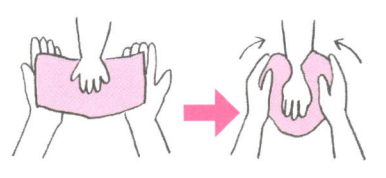

子どもの手を下から支えます　→　優しく覆いかぶせるようにふきます

登園 / 室内遊び / 外遊び・散歩 / 昼食・おやつ / 衛生 / お昼寝 / お迎え

衛生編
1〜2歳

歯の仕上げ磨きを嫌がるとき

歯磨きが苦手な子どもに対して仕上げ磨きを嫌がらないようにする方法が知りたいです。

シチュエーション

歯磨きが苦手なRちゃん。必ず、バタバタと抵抗をしてきます。

「やだ〜」

保育者の行動　NG

まったく磨けないので、「動かないで」と怒ってしまいました。

「うまく磨けないから動かないで」

保育者の心の中

いい加減にして！

今から、お昼寝もしなきゃいけないのに、早くして〜。動かなきゃすぐに終わるのに。
なんで動くんだろう？
私、そんなに痛くしていないつもりだけど。ちょっぴりめんどうくさいと思ってしまう……。

注意ポイント

NG言葉＆動作
・「早くしなさい」と頭ごなしに怒る。
・「みんなできるのに何でできないの？」とほかの子と比較する。

子どもの歯を磨くことを保育者自身がめんどうくさいと嫌がっていませんか？

こんなときに使えるHAPPY言葉

お口をあけてごらん。キレイになるよ〜

HAPPY言葉の意味

　園の方針によって違いますが、3〜5歳は自分で磨かせる園が多いのではないでしょうか？　それに向けて、2歳児に保育者が仕上げ磨きをする園もあります。

　その場合、仕上げ磨きを嫌がる子どもは、「痛い」、「眠い」の理由で嫌がることが多いようです。この時期は、歯を磨くと「さっぱりする」という感覚体験をすることが大切です。

　保育者のひざの上に頭を置き、「キレイにしようね〜。さっぱりしたね〜」と言葉をかけていきましょう。

重要ポイント

手鏡を持たせましょう

　3〜5歳で、自分で歯が磨けるようになるための仕上げ磨きです。磨いたあとに手鏡を持たせて「お口の中、キレイになったね」とキレイになった状態を見せておきましょう。

　そうすれば、自分で磨くようになったときに、どの状態がキレイな状態かが自分で判断できるようになります。

それでも嫌がるとき

無理に仕上げ磨きをしない

　子どもに、「歯磨きしようね」と優しく言葉をかけて嫌がるときは、無理やり歯磨きをさせることはできません。

　その場合、虫歯予防にほうじ茶などを飲ませるようにしましょう。

トイレトレーニングに誘うとき

衛生編　1〜2歳

上手にトイレに誘うタイミングや言葉かけはありますか？

シチュエーション

「トイレに行く時間だよ〜」とみんなに言葉をかけます。

> トイレに行く時間だよ〜

保育者の行動

① 遊んでいるK君がいたので「早く行こうね」と促しました。

> おしっこもれると恥ずかしいよ。早くして!!

② まだボーッと立っているので「早く行って！」と言って行かせました。

> はやく行ってきて。

NG

保育者の心の中

何で言うこと聞けないの？

トイレに行かなきゃ、おもらししちゃうんだから、いい加減に言うこと聞いてくれてもいいんじゃない？ 私ばかり真剣にやっていてバカみたい。私だって本当は怒りたくないのになぁ……。

注意ポイント

NG言葉＆動作

・「おもらししたら恥ずかしいよ〜」と脅し言葉を使う。
・嫌がっても、無理やり連れて行く。

「おもらししたら恥ずかしいよ」と子どもを傷つける言葉を使っていませんか？

こんなときに使える HAPPY言葉

トイレに行こうね♡

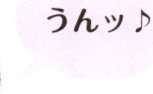

うんッ♪

HAPPY言葉の意味

トイレトレーニング中は、その子の排尿のタイミングにあわせてトイレに誘うのが重要です。

また、排泄などの生活習慣にかんする誘導は「トイレに行こうね」と語尾を肯定的に言うと子どもに伝わりやすくなります。

逆に「トイレに行こうか?」と子どもの意思に委ねる問いかけ方をすると嫌がってダダをこねたときに無理強いすることになります。

「行こうね」、「しようね」など、きっぱり言い切るようにしましょう。

重要ポイント

0.2秒待つ

子どもに声をかけるとき、遠くから大きな声で呼びつけていませんか? 大人の声が大きければ、まわりにいる子どもたちも大きな声で話すようになります。それがクラスの声の大きさをつくっていることなのです。

大声で集合をかけるのではなく、保育者が子どもに近づき、「トイレに行こうね」と声をかけてみましょう。

そのとき子どもの意思を尊重するために子どもの目の前に手をさし出し、子どもが握ってくるのを待ちましょう。

保育者が0.2秒待つことができれば、自分の意思で動いたことを実感することができます。

NGジェスチャー

背中を押してせかす

トレーニングを成功させたい一心であせってしまい「早く行って」と言いながら子どもの背中を押すと保育者が思うより子どもは驚きます。

保育者はポンッと無意識に軽く押したつもりでも、子どもにとっては「先生に押された……」感覚だけが残ってしまいます。そしてそれが無意識に感覚体験として残り、自分も無意識に友だちの背中を押すようになります。

先生に押された…
トンッ

衛生編 3〜5歳

手をなかなか洗わないとき

なかなか手を洗ってくれないときに効果的な言葉かけってありますか？

シチュエーション

お昼ごはんの前に友だちとふざけていて、まったく手を洗わないR君とD君。

キャッキャッキャッ

保育者の行動 NG

① 「バイ菌つくよ〜。1人だけごはん食べられないよ！」と怖い顔で言いました。

「バイ菌つくよ〜1人だけご飯食べられないよ!!」

② 何度も「早くしなさい！」と言って、ようやくしぶしぶ手を洗いはじめました。

「うるさいなぁ…」　「早くしなさい！」

保育者の心の中

勝手なことをしないでほしい

ほかの子は手を洗っているのにいつも勝手なことばかりしてイライラしちゃうわ！
　食べる時間が遅くなると昼寝も遅くなっちゃうし、どのように言ったら、言うことを聞いてくれるのかなぁ。

注意ポイント

NG言葉＆動作
・頭ごなしに「早くしなさい」を連呼する。
・「○○君だけになったよ」と人とくらべた発言をする。

保育者がイライラしながら、早くしなさいを連呼していませんか？

こんなときに使える HAPPY言葉

「R君、D君、一緒に洗おうよ」

「分かったよ」

HAPPY言葉の意味

子どもに何かをしてもらいたいと思っているのになかなかしてくれないときは、言葉で指示をしたり、怒ったところで、効果はあまりありません。どんどん保育者の怒鳴り声がエスカレートしてイライラがつのるばかりでしょう。

遠くから「早くしなさい！」などと大きな声で子どもを呼びとめて行動させるのではなく、「一緒に洗おうよ」と声をかけて誘い、保育者が手本を見せて一緒に手を洗いましょう。

重要ポイント

ほかの子とくらべない

保育者自身、自分が子どものころ、学校の先生や両親に人とくらべられて嫌な思いをしたことはありませんか？

「〇〇君は洗えているよ〜」、「みんなできているのに、何でできないの？」などのくらべる言葉かけはできる限り控えましょう。

それを聞いた子どもたちの心の中には「いつもくらべられて嫌だな」という思いが生まれてしまいます。子どもに注意をするときは、子どもの「行動」を注意し、「人格」を否定しないように気をつけましょう。くらべたり、叱ったりするよりも、「その行動は私（保育者）が悲しいからやめて」と伝えたほうが効果的です。

「〇〇君はもう洗えてるよー」 ✗

ジェスチャーポイント

教える喜び

保育者がイライラしながら手を一緒に洗うとますますイライラします。気持ちを切り替え、洗いながら「次はどこを洗うんだったっけ？」などとクイズのようにして一緒に楽しみながら洗いましょう。

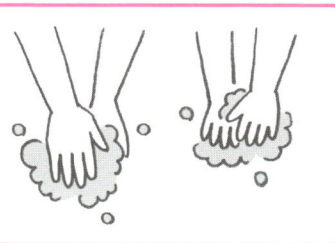

衛生編 3〜5歳

おもらしをしたとき

おもらしをしてしまったときの対処の仕方を教えてください。

シチュエーション
4歳のR君。トイレに誘っても、なかなか行かず、ついにおもらしをしてしまいました。

保育者の行動
① 誘ったのにトイレに行かなかったからだと思い、めちゃくちゃ怒りました。

「だからさっき行こうって言ったじゃない」

② 「自分で着替えて」と怒りながら子どもに言いました。

「自分で着替えて」

ガクッ…

保育者の心の中
言い過ぎぐらいがちょうどいい

何回言っても分からないんだから、今日はめちゃくちゃ怒っちゃった……。ちょっと言い過ぎぐらいがちょうどいいんじゃないかな？
でも、少し言い過ぎちゃったかな……？

注意ポイント
NG言葉＆動作
・「まだ赤ちゃんなの？　おもらしして」と子どもが恥ずかしいと思う言葉をかける。
・「いい加減にして」と感情をむき出しにして怒る。

「おもらし」＝注意しなくては！　と思っていませんか？

> **こんなときに使えるHAPPY言葉**
>
> 大丈夫だからね。着替えようね！

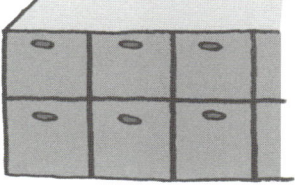

（分かった）

HAPPY言葉の意味

トイレに誘ったのに行かなかった結果、おもらしをしてしまったことを責めたくなる気持ちは分かりますが、ここはグッとガマンしましょう。このとき保育者はおもらしをしてしまった子どもの恥ずかしい気持ち、羞恥心（しゅうちしん）を考えて「情緒の安定」を促す言葉をかけましょう。

いちばん恥ずかしいのは、おもらしをしてしまった子ども自身です。

保育者は「大丈夫だからね」と声をかけて、着替えをすることに誘導します。そのあと「次にトイレに行きたくなったらどうしたらいい？」と聞き、自分で考える機会をつくりましょう。

重要ポイント

失敗を怒るのは保育者の思い込み!?

子どもが失敗したら、まず「注意しなければならない」「叱って、もう二度としないようにしなければならない」と思い込んでいませんか？

今回のケースのように、おもらしをしてしまったということは子どもにとって、とても恥ずかしい「失敗体験」です。保育者が「何をやっているの！ だからさっき行きなさいって言ったでしょ!!」と注意をすることは、おもらしをしたことで、先生にも怒られたという失敗体験の上塗りをするだけで、何ひとつ問題解決にはなりません。これが続くと子どもは「どうせ、僕は……」と自己否定するようになってしまいます。

保育者は、注意したり、叱ったりするよりも、まずは子どもが「失敗したけど安心していいんだ」という気持ちになるような言葉をかけていきましょう。

（ぼくっていたい…）
（失敗は正さないと！）

> あなたは無意識に子どもに「早くしなさい！」と言っていませんか？

子どものほめ方、ほめ言葉

子どもは「ほめて伸ばす」というけれど、
実際どうすればいいのか分からない！
そんな方へいくつか例をあげて紹介します。

ほめ方が分からない

　ほめ方が分からないときは、子どもに「ありがとう」という言葉をかけるところからはじめてみましょう。

　たとえば、朝、登園した子どもに「おはよう」とあいさつをして「今日も来てくれてありがとう」と言ってみたり、子どもに「それ取ってくれる?」とお願いして、取ってくれたら「ありがとう」と言ってみたり、「ありがとう」を言う機会を増やすのです。

　このとき保育者が注意したいのは、次を期待してしまう言葉（評価言葉）をかけすぎないこと（詳細はP57重要ポイント参照）。

　評価言葉とは「よくできたね」、「えらいね」、「すごいね」などです。

　この言葉は、一見HAPPY言葉に思いますが、評価言葉にもなりえます。保育者が心の底からわきあがってきた言葉であればOKですが、普段から、子どもによい行動をさせるために保育者がこの評価言葉を言い続けると、子どもは評価されたいがために行動するようになります。

　つまり、保育者がほめないとやらなくなる可能性が出てくるのです。それとくらべ、心からわきあがって発した言葉は、子どもにその思いが伝わります。

　もし、自分はほめることが苦手かも？　と思っているならば、まずは自分自身の感性を高めるために、休日に自然に触れたり、美術館に行ったりするとよいでしょう。

プラス言葉でいこう

　子どもにかける言葉、同僚と話す言葉、先輩や上司に話す言葉、保護者に話す言葉、恋人や友人に話す言葉……。自分が発するすべての言葉をいちばん聞いて、いちばん番影響を受けているのは、ほかの誰でもなく自分自身なのです。

　たとえば「すみません」という言葉。使い勝手がいい言葉ですが、何かにつけては使い、それが口癖になってしまうと、いつも人に謝ったり、人に遠慮ばかりする「スミマセン」な人生になってしまいます。

　というのも言葉と脳のかかわりは深く、言葉、動作、表情をプラスにすると、思考や感情もプラスに変わり、結果、ワクワクしたり、やる気が出てきます。

　「プラス思考でいよう」と言われるのは、こういった理由からです。

　そこで、保育のプロとして、子どもにプラスの言葉をかけていきましょう。発する言葉がプラスだと、子どもたちだけではなく、発している自分への影響も強く、ハッピーな気持ちになっていきます。

プラス言葉で行動が変わる

プラスの言葉を使えば自分の心に入り、行動も変わってきます。

① 言葉を選んで話す
保育者がプラスの言葉「楽しい」と発します。
（楽しい!!）

② 心にインプットされる
保育者自身が、その言葉を耳から聞いて心にインプットされます。自然に保育者の心がワクワクしてきます。
（なんか楽しいぞ）

③ 保育者の行動が変わる
心がワクワク、ウキウキと保育者のやる気が出てきて、子どもにも心を豊かにする言葉をかけるので子どもも喜び、ウキウキワクワクします。
（素敵だね／嬉しい）

これを繰り返すことで、子どももプラスの言葉を使いお互いに心が豊かになっていきます。

子どもの心を豊かにする言葉たち

子どもの感性を伸ばす言葉	優しさや思いやりを育てる言葉
キレイね すばらしい景色だね 素敵な音だね よい心地だね 気持ちいいね キラキラしているね どんな感じがする？ どんな匂いがする？ どんな味が好き？	優しいね ありがとう 嬉しいわ 助かるわ ○○ちゃんも喜んでいるよ 大丈夫だよ そばにいるからね 見ているよ 聞いているよ 大好き

自信や根気、集中力を育てる言葉	イキイキと積極性を育てる言葉
えらいね がんばっているね よくがんばったね ○○ちゃんならきっとできるよ よくできたね 感心しちゃった 驚いたわ すごいね ごめんね	そんなことまでしてくれるの？ 嬉しい 楽しいね 誰も気づかないこと考えたんだね

ほめ言葉に置き換える

　責任感の強い保育者はほめ言葉より、ダメ出しをしてしまい、注意する言葉をつい使ってしまうことが多いようです。そして、その言葉が口癖になって1日に何度も使ってしまいます。
　その中でもよく使ってしまいがちなのが「早くしなさい」という言葉。
　「時間がないから、早くして」、「早くトイレに行って」、「早く食べて」、「早く並んで」など、早くすることを子どもに強要していませんか？
　時間が限られているからこそ、「早くしなさい」というマイナスの言葉ではなく、「待っているよ」と肯定的な言葉に置き換えると、保育者のイライラも減り、子どもも安心して過ごすことができます。そして、心も豊かになっていきます。

✕ ダメダメ・イライラ言葉	♥ 置き換え HAPPY 言葉
じっとして	こっちにおいで
何回言ったら分かるの？	見ているから大丈夫だよ
○○先生に怒られるよ	喜ばれるようにしようね
どうして先生の言うことが分からないの？	何かしたいことがあるのね？
早くしなさい	待っているよ
言うこと聞きなさい	やりたいことがあるんだね
遅いね！グズなんだから……。	じっくりやってごらん
そんなことしたらダメ！	とまってね
いけません！	一緒にしようか？
ウソついたでしょ？	○○君（ちゃん）を信じているね
貸してあげたら？ケチだね	貸してあげられたね
○○君（ちゃん）にできるわけがないでしょ！	よく見てやってごらん
○○君（ちゃん）って何やってもダメだね	○○君（ちゃん）ならできるよ
○○君（ちゃん）って悪い子ね	大好き

増田式 とっておきの魔法の言葉

　毎日の仕事の中でどうしても解決できないような問題が起きることはあります。
　たとえば、子どもの噛みつき。
　自分で思いつくことをやってみてもダメ。上司に相談して、噛みつきを防止するためにすべての手を尽くしたのに改善しそうにないとき……。「もう、無理。私には解決できない」、「私、向いてないのかも？」などと落ち込んでしまうのではないでしょうか？
　そんなときは「ピンチはチャンス！　ピンチはチャンス！　ピンチはチャンス！」と3回言葉に出し、そのあとに頭に浮かんだことをやってみましょう。
　すると「案ずるより産むがやすし」というような事態の好転が起こるものです。

ピンチはチャンス！（×3）

マミーズファミリー流 魔法の言葉かけ

マミーズファミリーの経営ビジョンは
「日本一お母さんを元気にして、お子さんを日本一可愛がる、
日本一ハッピーな保育をする」ことです。
そのためにどんな言葉かけをしているのか、日常の保育も踏まえて紹介していきます。

乳幼児期に必要なこと

乳幼児期に大切なことは2つです。ひとつは「基本的信頼感の確立」と「自己肯定感」。もうひとつは「自立と自律」です。これを基にマミーズファミリーでは、「お子様への8つのお約束」、「お母さんを元気にする方針」、「私たちが元気になる方針」という3つの行動指針をあげて、日々保育をしています。

次のページからひとつずつ紹介していきましょう。

子どもが遊び込める環境がいっぱい

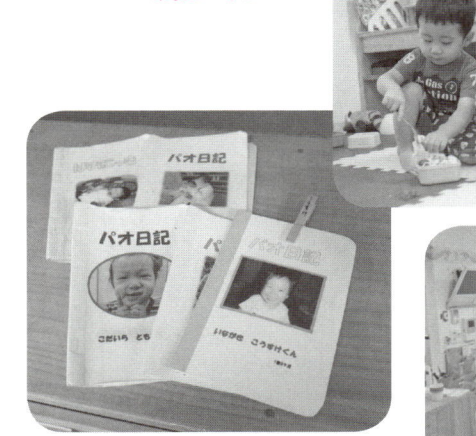

連絡帳は、子どもの写真入り。保育園の愛情を感じます

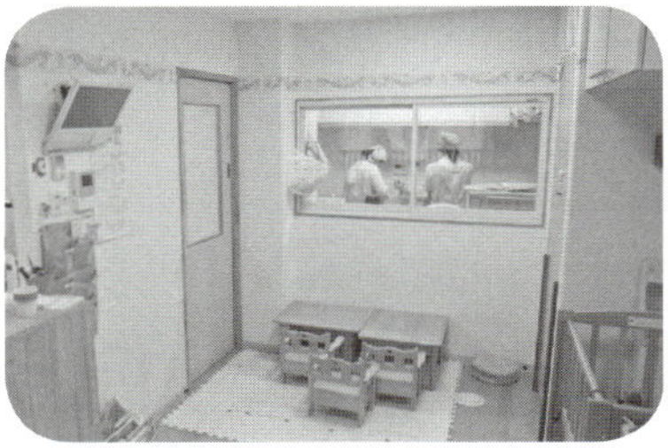

ごはんをつくる人を身近に感じられるよう調理室は保育室の中に設置

【行動指針】
お子様への8つのお約束

1	お子様の目を見て話しかけます
2	丁寧で肯定的な言葉かけをします
3	どんな小さな赤ちゃんでも声をかけてから手をさし出します
4	お子様を遠くから大きな声で呼びつけたりしません
5	テレビ・ビデオなど音の垂れ流しはしません
6	安全で快適な保育空間を提供します
7	小さなガマンができたとき心からほめます
8	生活のお手本をさし示すとともに、自分でやり遂げようとするとき、温かく見守り精一杯励まします

「日本一ハッピーな保育をする」という目標を達成するために、「お子様への8つのお約束」、「お母さんを元気にする方針」、「私たちが元気になる方針」を掲げています。

マミーズファミリー流 言葉かけ その1

基本的信頼感と自己肯定感を大切にする

0〜2歳までの乳幼児に必要なのは「基本的信頼感の確立」です。赤ちゃんは生まれてから「おぎゃ〜」と泣くことで、大人に抱きあげられ、あやしてもらう（愛してもらう）ことで「基本的信頼感」を獲得していきます。この「基本的信頼感」や「自己肯定感」こそ「ボクって生まれてきてよかったんだ」「私って大切にされているんだ」という生きる力の源になります。

これを基に保育者が子どもに声をかけるときは、子どもを遠くから呼びつけるのではなく、子どものそばに行って話しかけます。「こちらから行く」ということで「あなたが大切だよ」ということを子どもに伝えていることになります。

また、保育者は必ず子どもの目を見て話します。目を見て話すということも「相手を大切に思っている」ということにつながります。これを続けることで基本的信頼感や自己肯定感につながります。

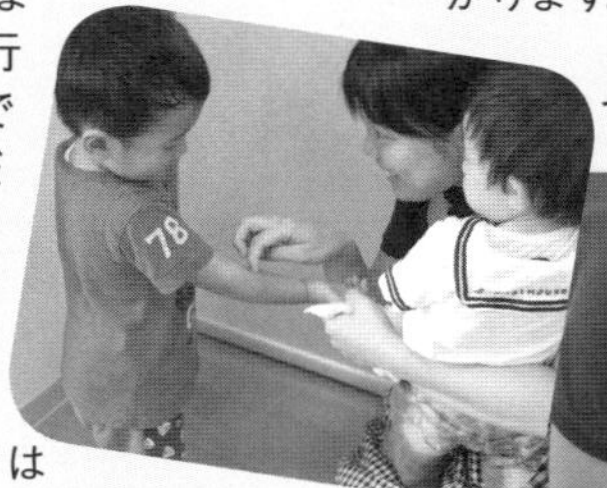

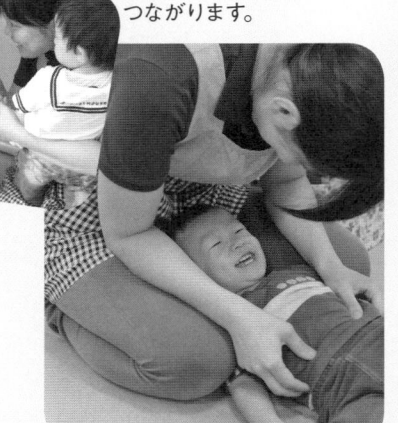

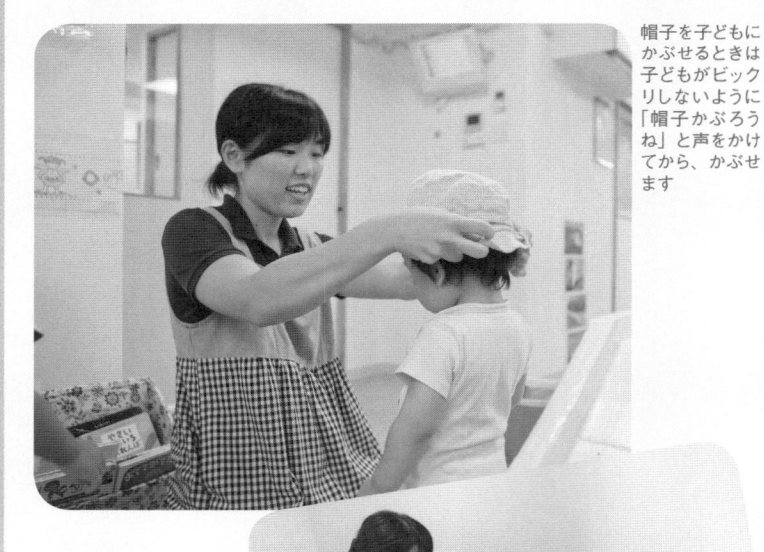

帽子を子どもにかぶせるときは子どもがビックリしないように「帽子かぶろうね」と声をかけてから、かぶせます

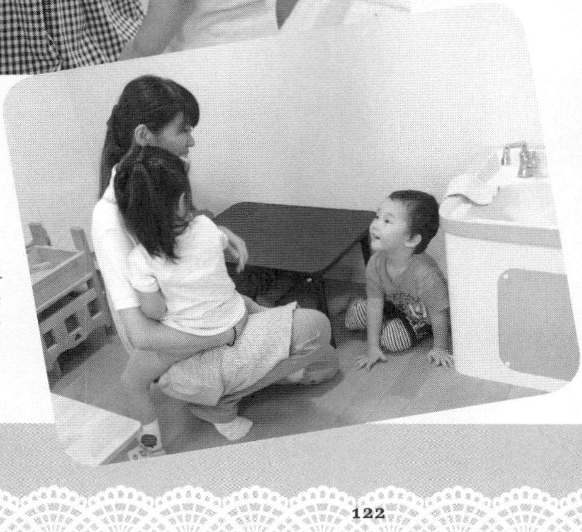

こちょこちょこちょ〜とスキンシップも自己肯定感を育むためには大切なもの

お願いごとを子どもにするときは、子どものそばに行き、近くで話しかけます

イスから降りるときに、保育者は「待ってくれてありがとう」と言葉をかけます。「ありがとう」は万能薬と言える魔法の言葉です

マミーズファミリー流 言葉かけ その2
「自立」と「自律」

2歳から幼児期後半に向けて自立と自律を育てています。「自立」とは生活習慣（食事・排泄・着脱・清潔・睡眠・あいさつ）が身につき、自分で自分のことができるようになることで、生きる自信につながります。

「自律」とは生活の約束を守ったり、大好きなおもちゃを友だちに貸してあげたりすることを自分で判断し、小さなガマンの積み重ねをしながら人間力を養っていくことです。「自律」もまた、生きる自信につながります。

ところが大人が手を出せば出すほど「自律」は育ちません。そして大人が大人の判断を押しつければ押しつけるほど「自律」は損なわれます。これを基に保育者はできる限り、子どもたちに過干渉になりすぎないようにしています。

友だちとも仲よく遊べます

外遊び

思いっ切り泥んこになるまで遊びます

袋にたくさんつめて、いそいそと歩く姿が愛らしい。何でもかんでも袋に入れて行きます。保育者は笑顔で見守ります

食べる力がついています

上手に果汁もすすります

保育者は子どもの遊びをそっとサポートします

食事

友だちが袋の中におもちゃを入れてくれました

室内遊び

子どもが何かに没頭しているときは、そっと見守っているだけです

「自分でやりたい」気持ちを優先させます

子どもは清潔にすることが心地よいことだと知っています

マミーズファミリー流 言葉かけ その3 自分たちがハッピーになる方法

子どもも一緒に全員でハイタッチ。朝から活力がみなぎる保育室

子どもも一緒に申し送りをはじめます。子どもは騒ぐことなく、静かです

自分がハッピーになる言葉、まわりの人を元気にする言葉をアイコンタクトでリレーしていきます

豊かな言葉リレー

　自分たちも幸せであるように朝礼は言葉かけを意識したとてもおもしろい内容です。「豊かな言葉リレー」といって「アイコンタクト」、「あいの手」、「愛ある言葉」の3つの"愛"が入っています。
　申し送りをしたあと、みんなでプラスの言葉リレーをはじめます。全員で「キラキラ」、「やった～！」、「素敵だね！」などの言葉を言います。まわりの人全員で、あいの手を入れて、次の人に続くようにリズミカルに言葉リレーをしていきます。
　最後にみんなでハイタッチをして終了。このハイタッチは、子どもも一緒に参加して盛りあがります。朝、毎日みんなで言葉リレーをすると自然と楽しい気持ちになり、子どもたちも楽しい気持ちになってくれるそうです。

PART 6

園生活での言葉かけ
昼寝編

「子どもの寝顔って見ているだけで幸せ」
そんな優雅な気持ちになれるような
言葉かけをご紹介します。

寝かしつけがうまくいかないとき

昼寝編　1〜2歳

> なかなか寝つけない子どもを寝かせたいのですが……。

シチュエーション

眠くて、ぐずっていたのになかなか眠れないF君。

保育者の行動　NG

① 背中を強くトントンたたいて寝かせようとしても、なかなか眠れないようです。

② まったく寝る気配がないので「早く寝なさい」と言いながら、寝かしつけています。

保育者の心の中

早くして〜!!

まだ寝ないの？
やることいっぱいあるから、頼むから寝てほしい。
私の寝かしつけ方が悪いのかな？　もっと、たたいたほうがいいのかな？
よい寝かしつけ方があったら知りたい！

注意ポイント

NG言葉＆動作
- 子どもの体を無言でもくもくとさすったり、背中をトントンたたいている。
- 子どもに「まだ寝ないの〜」と布団をかぶせる。

寝ない子どもに、内心イライラしていませんか？

こんなときに使えるHAPPY言葉

ゆりかごの歌を〜

心地いいなぁ……

HAPPY言葉の意味

保育者はやることがたくさんあるので「頼むから早く寝てほしい」、「まだ寝ないのかな？」とイライラしながら背中をさすりがちです。子どもにはそのイライラが伝わり、なかなか眠ることができないという悪循環を起こします。

そんなときこそゆったりとした気持ちになるように切り替えて「今日、この子は眠れないんだから、最後までつきあおう」と思えば、自然と子どもへの対応が変わっていくものです。

ゆりかごの歌や子守歌、わらべ歌などを歌いながら保育者の気持ちが落ち着いてくると、いつのまにか子どもも寝入ったりするものです。

重要ポイント

寝かしつけのコツ

子どもを寝かしつけるとき、寝つきが悪いと、「早く寝ないかな？ やることいっぱいあるのに……」と思いながら、

はやく寝てよ〜

スーハースーハー

子どもの背中のさすり方を早くしたり、トントンするのを大げさにしたりしていませんか？

まず、その行動をやめてみましょう。

早く寝かせるコツは、呼吸です。子どもの呼吸のリズムにあわせて背中をさすり、保育者の呼吸もあわせると自然と子どもと調和し、すっと寝てくれます。

昼寝編

1〜2歳

着替えを嫌がるとき

着替えを嫌がる子どもには、どういう対応をしたらよいでしょうか？

シチュエーション

2歳のH君。着替えの途中でテンションが高くなってしまい、おむつ姿で走りまわっています。

保育者の行動　NG

何度言ってもやめてくれないので「早く着替えなきゃダメでしょう！」と強い口調で言いました。

「早く着替えて！やめて！」

保育者の心の中

かわいいんだけど……。

　すごくかわいいんだけど、昼寝を早くしないといけないから、着替えてほしい。風邪をひいても困るから分かってほしいなぁ。
　どうしたら分かってもらえるんだろう？

注意ポイント

NG言葉＆動作

・「着替えないとダメでしょう」と否定する。
・「走って転んだら泣くよ」と先のことも心配する。

「早くしてよ」オーラを出していませんか？

登園／室内遊び／外遊び・散歩／昼食・おやつ／衛生／昼寝／お迎え

128

こんなときに使えるHAPPY言葉

パンツ人間、待て待て〜‼

キャッキャッ

HAPPY言葉の意味

0〜2歳の着替えは、保育者がするのが基本です。洋服をすべて脱がしたら、子どもがいきなり走り出すなんてことも……。

そんなときは、「やめて!」と怒った口調で子どもに言うことを聞かせようとしたり、「危ないからやめて」と心配をしても、なかなか子どもは言うことを聞いてくれません。

こんなときは「パンツ人間、待て待て〜」と保育者も一緒になって楽しむような切り替えをしてみましょう。

一緒に追いかけっこをして部屋を一周したら、「お着替えしようね」と言いながら洋服を着せてあげれば、スムーズに着替えが進むこともあります。

重要ポイント

飴とムチは危険

子どもに「早く着替えないとオバケが出るよ」などの脅し言葉を使うのはやめましょう。子どもを怖がらせても、問題が解決したことにはなりません。

また、「今、着替えてくれれば、絵本をたくさん読んであげるよ」など「飴とムチ」の言葉かけは、子どもは報酬がほしくて行動するようになるので、おすすめしません。

実際、一度子どもと場を盛りあげてから着替えるのと、子どもが嫌々着替えるのとでは、時間は5分と変わらないものです。

子どもの着替えに多少時間がかかっても「こうしなければならない」という枠を外して、子どもと一緒に大笑いをすれば、子どもとの信頼関係ももっと強くなります。

豆知識

子どもの本質を認める

子どもは、「開放的なことが好き」です。だから裸が好き。保育者が「また?早くして‼」と思う前に一度、深呼吸してみましょう。

そして「裸って開放的で気持ちいいよね」と思い直してみましょう。

ボク裸大好き

指しゃぶりをやめさせたいとき

昼寝編　1～3歳

指しゃぶりをやめない子どもへの対処の仕方を教えてほしいです。

シチュエーション

昼寝の前後や退屈したとき必ず指しゃぶりをするB君。

保育者の行動　NG

① やめさせたいので「指しゃぶりはやめようね」と言って指を口元から離します。

「指しゃぶりはやめようね」

② 気づくたびに何度も注意しています。

「やめようっていってるよ」

保育者の心の中

何回言ったら分かってくれるの!?

何回言ってもなかなか直らない。クセになっているから、気づくたびに言わないと……。
いつかやめると信じているけど、これだけ頻繁だと心配だなぁ。

注意ポイント

NG言葉＆動作

・見つけるたびに「やめなさい」と言ってやめさせる。
・「指しゃぶりは、ダメなことだよ」と言い聞かせる。

指しゃぶりをしている子どもを見て「やめさせないと！」という正義感を出していませんか？

こんなときに使える HAPPY 言葉

今日は指しゃぶりしていないんだ。素敵♡

ほめられて嬉しい!!

HAPPY言葉の意味

子どもの指しゃぶりは、退屈なとき、不安や緊張を感じているときに指しゃぶりをして、自分の心を落ち着かせていると考えられます。つまり「指しゃぶり」という行動で、その子は心のバランスを取っているのです。

保育者は指しゃぶりを「やめなさい」と注意するよりも、子どもをじっと観察し、指しゃぶりをしていないときにすかさず「今日は指しゃぶりしていないんだ〜。素敵!!」と頭をなでたり、ギュッと抱きついたりなど体全体で喜びを表現して思い切りほめてあげましょう。

重要ポイント

気長に見守る

子どもの指しゃぶりは、やめさせようと思ってもなかなかやめさせられるものではありません。保育者は、指しゃぶりを「やめさせる」というよりも、「見守る」という考えでいたほうがよいでしょう。

また、指しゃぶりは、このケースのような寝る前だけではなく、日中の活動時間中にも退屈なとき、時間をもてあます行為として、指しゃぶりをすることが多いです。

つまんないなぁ

夢中になって遊んでいるときに指しゃぶりをする子どもはいないので、こういったとき保育者は、夢中になって遊べるものを見つけ出してあげるといいでしょう。

豆知識

歯の不整合の原因に

指しゃぶりをすると口呼吸になるので、のどが渇いて細菌がわき、風邪をひきやすくなります。子どもの下の歯が内側に入り、上の歯が出てしまい、歯並びが悪くなる可能性もあります。

子どもが早く起きてしまったとき

昼寝編 3〜5歳

昼寝の途中で起きた子どもへの対処の仕方を知りたいです。

シチュエーション
昼寝の途中で、早く起きたDちゃん。ほかの友だちを起こそうとしています。

「おきて〜」

保育者の行動　NG
「15時まではじっと寝てなさい」と言いました。

「ほかの子 起こさないで!! 15:00まではじっと寝てなさい!」

保育者の心の中
えっ!! 起きちゃったの?
寝かしつけるのが大変だったのに、起きちゃったの? また寝かしつけるのは正直嫌だな……。
でも眠りが浅いから、もう1回寝かせたほうがいいかな……。

注意ポイント
NG言葉＆動作
・もう1回寝ることを強要する。
・「何で起きちゃったの」と問いかける。

子どもが起きてしまったことが悪いことのように伝えていませんか?

> **こんなときに使える HAPPY言葉**
>
> こっちでみんなが起きるのを待っていようか

うん♪

HAPPY言葉の意味

一度昼寝から起きてしまった子どもに「もう1回寝て」と言って寝かしつけるのは、非常に難しい話です。

子どもが予定時間よりも早く目が覚めてしまい、ほかの子どもを起こそうとしていたら、「みんなが起きるまでこっちで待っていようね」と声をかけてその子をその場から離し、ほかの睡眠中の子どもの眠りを邪魔しないようにしましょう。

重要ポイント

体を休ませる

昼寝は、しっかり体を休ませるのが目的。15時までぐっすり眠ることができれば、エネルギーがチャージされて午後の活動も元気よく行えます。

15時までは、絶対に寝かせたいと思いがちですが、それは大人目線の考え方です。子どもは自然に目が覚めてしまっただけなので、そのまま様子を見守りましょう。

たとえもう1回寝つけなくても、子どもは布団の上で横になっているだけでも体の疲れが取れます。

保育園の環境づくり

年長の昼寝時間

年長児は小学校入学の準備のため、秋ごろから午睡をしないで活動するようになります。それにより疲れが見られるときには、ゆっくり過ごさせるようにしましょう。

登園 | 室内遊び | 外遊び・散歩 | 昼食・おやつ | 衛生 | **昼寝** | お迎え

昼寝編 着替えがうまくできないとき

3～5歳

着替えが自分でできない子どもに
効率よく着替えさせる方法を知りたいです。

シチュエーション
3歳のLちゃん。がんばって着替えをしているけれど、ボタンがついている服で時間がかかっています。

保育者の行動　NG
「遅いよ〜。早く着替えて」と怒ってしまいました。

「遅いよ〜。早く着がえて！」

保育者の心の中
応援したいんだけど……

いつも着替えが遅いのでイライラするなぁ。がんばって洋服を着ようとしているから、本当は応援したいんだよ。でも、時間がない。
がんばってほしいのに怒っちゃった……。

注意ポイント
NG言葉＆動作
・「遅いよ〜。早くしてください」と子どもをせかす。
・「なんでこんな服着てきたの？」と問いただす。

「着替えしやすい服を持ってきてと事前に言ってあるのに！」と内心怒っていませんか？

こんなときに使えるHAPPY言葉

2個目のボタンをとめてごらん

やってみたい

HAPPY言葉の意味

3歳からの着替えはできるだけ自分でさせますが、助けが必要なときは、保育者が手伝います。

着替えがボタンつきの洋服だと時間がかかってしまうため「何でボタンつきなの？」と嘆いてしまう気持ちも分かりますが、まずは1個目のボタンを保育者がとめてお手本を見せてあげましょう。そして2個目のボタンを子どもにやらせてあげるとコツをつかんで、どんどんできるようになるでしょう。

もし、昼寝の前で時間がないときは「3個目は先生がやるね〜」と言って保育者がボタンを最後までとめてしまうのも、ひとつの方法です。

重要ポイント

子どもがやりたいことを見守り励ます

洋服は自分を表現するアイテムのひとつでもあります。たとえ、保育者が「ボタンがついた洋服は時間がかかるからやめてほしい」と思ったとしても、その服が着たいと思っている子どもの「自分でやりたい」という気持ちを尊重しつつ、保育者が手本をしめし、自分でやり遂げようとする行動を温かく見守り、精一杯励ます。

子どもにシャツを着替えさせるときのコツ

シャツを着るとき腕のあたりでもたついてしまうことが多いです。図のように誘導してみましょう。

① 着替えるシャツの肩の部分を持たせる

② バサッとシャツを後ろにまわさせる

③ 袖から片腕ずつ出させる

※園の方針によっては、ボタンつきの洋服を着替えに入れないように保護者にお願いしている場合もあります。

Column 5
仕事の優先順位

仕事を効率よく迅速に進めることは、誰もが理想とするところです。
しかし、実際はなかなか難しいもの。
そこで、優先順位のつけ方について監修の増田さんに聞きました。

保育者の仕事

　保育の仕事はいつも新しい展開が待ち受けているので、仕事の優先順位をつけるのが難しいです。
　そのため、保育者は、「時間を作る」＝「時間をコントロールする」ということが重要です。コントロールしないと、あっという間に1日が終わってしまったり、雑務ができないイライラから子どもに八つ当たりをしてしまったりなどしてしまいがちです。

自分の仕事の優先順位のつけ方を知ろう

　まず、下図のようにノートに縦軸と横軸を書き、①〜④に重要度のあるものから仕事内容を書き込みましょう。

（例）

	重要なこと	
緊急なこと	① ・子どものケガ ・子どもの病気 ・締め切りのある仕事 ・クレーム対応	② ・保育（観察）記録の作成 ・子どもとの関係づくり ・休息や健康維持 ・保育の準備や計画 ・研修参加
	③ ・子ども同士のケンカ ・子どもを叱る	④ ・TVを見たり、インターネットをする ・ムダ話をする

①緊急で重要なこと
②緊急ではないが重要なこと
③緊急だが重要ではないこと
④緊急でも重要でもないこと

　②の枠に入れた仕事は、緊急ではないので、後まわしにしがちですが、この仕事の時間を重要視するだけで仕事の結果が変わってきます。
　たとえば、保育記録や計画。クラスごとのミーティング、子どもとの関係づくり、そして研修などに参加して研鑽（けんさん）を積むなど。重要と分かっていても毎日のドタバタ（緊急なこと）に追われてしまうので、1日15分と時間を決めてつくり出すようにすると少しずつよい変化が出てくると思います。

よく考えがちな優先順位

仕事の重要度は、斜線を引いたところのものと考えがち

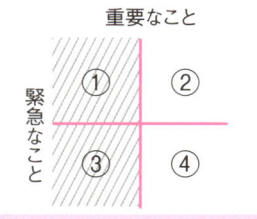

	重要なこと	
緊急なこと	①	②
	③	④

理想の優先順位

斜線部分を重要にすれば、仕事の仕方も変わってくる。とくに見逃しがちな②に入る仕事内容を1日15分、時間を決めて継続して行う。

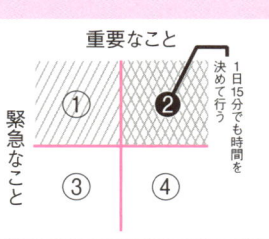

	重要なこと	
緊急なこと	①	❷ 1日15分でも時間を決めて行う
	③	④

PART 7

園生活での言葉かけ
お迎え編

1日の終わり。
「今日も1日楽しかった」と子どもも保育者も
思える言葉を紹介します。

お迎えが遅いとき

お迎え編　0〜5歳

お迎えが遅くて心配している子どもを励ます言葉ってありますか？

シチュエーション
いつもの時間になってもお母さんがお迎えになかなか来ないことを心配しているSちゃん。

（お母さんまだかな…）
「さようならー」

保育者の行動　NG
① 寂しそうにしているので、「来ないね。遅いよね〜」と声をかけました。

「こないね 遅いよね〜」

② 最後の1人になり、Sちゃんが不安そうなので「大丈夫だよ」と伝えました。

「大丈夫だよー」

保育者の心の中
かわいそう

お迎えが来ないのが不安なのは分かる!!
かわいそうだな。早く迎えに来てあげてくれないかな〜。本当に遅すぎる。
いつもは、きちんと連絡があるのに今日はどうしたんだろう？　心配だなぁ。

注意ポイント

NG言葉＆動作
・「まだ来ないね、遅いね」と子どもに言う。
・保育者同士で「連絡がないのは、どうしたんだろう？」と大きな声で話し、子どもを不安にさせる。

なにげないひと言で、子どもの不安を増長させていませんか？

登園　室内遊び　外遊び・散歩　昼食・おやつ　衛生　昼寝　お迎え

こんなときに使える HAPPY 言葉

> 一緒に遊ぼう!!
> 2人だけでできることをしようか♪

楽しそう♪

HAPPY言葉の意味

日々の生活の中で、時計が読めない子どもでも「この子の次は、私の順番」と自分の中でなんとなくお迎えの時間が分かっています。

次は自分の番だと思っていたのに、急にお迎えが遅くなるのは、子どもにとってとても不安なものです。

保護者から遅れる連絡があったときは、子どもにその旨を伝えて安心させてあげましょう。

保護者からの連絡がない場合は、「何でだろう?」と子どもの不安を増長させるようなことは言わないように気をつけ、「一緒に遊ぼう」と楽しんで過ごせるようにしましょう。

重要ポイント

保護者への対応

お迎えの時間に来られないことを気にかけているのは、保護者も同じです。「子どもは、寂しがっていないだろうか?」などの不安や申し訳ない気持ちを抱えながら、お迎えに来ます。その気持ちを保育者は理解して対応しましょう。

遅れる連絡があったときの対応

お迎えが遅れたとき、保護者に「大変でしたね。お疲れ様です!」とねぎらいの言葉をかけましょう。そのあと、子どもの様子を伝えます。

もし、お迎えのとき、子どもが最後の1人だったときには「ついさっき、お友だちが帰ったばかりですよ」と具体的に話し、保護者の不安を取り除いてあげましょう。

遅れる連絡がなかったときの対応

遅れる連絡をしてこなかった保護者に「連絡してくれないと困ります」という一方的な言葉をかけるのはやめましょう。何かしらの理由があって連絡ができなかったのです。保育者から注意をしなくても、保護者がいちばん分かっています。

それよりも「Sちゃんが心配していたから、お電話を1本もらえると安心します」と子どもが心配していた気持ちを伝えてあげるといいでしょう。

お迎え編 0〜5歳

保護者から相談があると声をかけられたとき

保護者に子どもの目の前でその子のグチを言われそう。どうしたらよいでしょうか？

シチュエーション

保護者が子どもの日ごろの不平不満を言ってこられるので、「そうですね〜」と相づちを打っています。

保育者の行動 NG

子どもが悲しそうな顔をしているのに、保護者の話をとめることができません。

保育者の心の中

どうしよう……

保護者にこの子のことを根ほり葉ほり聞かれるんだけど、なぜ？　とてもいい子なのに……。

目の前で自分のことを言われているこの子を見ていることがつらい。

ほかの保護者と話せないのも嫌だな。

注意ポイント

NG言葉＆動作
・保護者の話を「聞きたくないな」という顔をする。
・保護者の話をうやむやにして、違う保護者に話しかける。

その子の悪かった行動をその子と一緒に増長させていませんか？

こんなときに使えるHAPPY言葉

お話、伺いますよ～♪

HAPPY言葉の意味

保護者が子どもの話を根ほり葉ほり聞いてきたり、家での子どものクセを話してくるときには、子どもから離れて個別対応するのがよいでしょう。今、時間があるかどうかを聞き、あると回答があったときは「今からお聞きしますよ!」と別室で話を聞きましょう。

くれぐれも保育者が子どもの前で、その子の園でのクセや行いなどを答えることはやめましょう。子どもは自分の評価に敏感です。保護者に話している内容によっては、保育者と子どもの信頼関係が崩れてしまう可能性があります。

重要ポイント

子どもは主任に預けて個別対応を取る

保護者の話がとまらないときは、保護者の心の中には、保育者に聞いてほしい「何か心配ごと」があるはずです。このようなときは、時間があればすぐにお話を聞いてあげましょう。お話を聞くことで解決することは多いものです。

子どもの前では話さないほうがよいので、主任などに子どもを見てもらえるかどうか確認を取り、別室で話を聞きます。とにかく、保育者は、保護者に気持ちよく話をしてもらえるように「受容・共感・傾聴」の3つのポイントに留意しましょう（詳しくはP144～参照）。

「待ってようねー」

忘れものに気づいたとき

お迎え編　0〜5歳

忘れものを見つけたときの対応をどうしたらいいか困っています。

シチュエーション
保育室を見渡したら、カバンかけに忘れものがあることに気づきました。

保育者の行動　NG
「忘れているわ」と思いましたが、明日対応しようと電気を消しました。

カチッ　〇〇ちゃん、忘れているわ

保育者の心の中
明日でいいや

届けてあげたいなぁ。でも、勤務時間も終わっているし、明日でいいや。
帰ってから結構時間もたつし……。

注意ポイント
NG言葉＆動作
・「明日でいいや」と思い、そのままにする。
・何も思わず、その場を立ち去る。

「このくらい明日でいいでしょ」と思っていませんか？

こんなときに使える HAPPY言葉

忘れものに気づかなくて申し訳ございません

HAPPY言葉の意味

　子どもの忘れものに気づいたときは、その日のうちに対応します。まずは、その子の自宅に連絡しましょう。

　「明日渡せばいいや」、「明日も来るし……」と勝手に決めつけるのはよくありません。

　電話連絡をして、保護者のほうから「明日でいいですよ」と言われるのと、保育者自身が「明日でいいか」と勝手に決めるのとでは、大きな違いがあります。今後の保護者との信頼関係にも深くかかわってきます。「まあ、いいか」はやめましょう。

　電話をする際も「忘れものに気づけず申し訳ございません」という気持ちを込めて伝えましょう。

重要ポイント

保護者との信頼関係

　保育者は、保護者との信頼関係を築くことがとても重要です。そのため、保護者の立場に立って物事を考えるとよいでしょう。

　たとえば、忘れもののひとつとっても、「明日でいいや」というのは、保護者の立場に立っていません。

　もし忘れものが洗濯物だった場合、忘れたことに気づいた保護者は、「忘れたけれど、取りに行くのは、めんどうくさい。でも、一日置くと洗濯物が臭うし……」と、葛藤があるかもしれません。

　自己判断せず、まずは忘れものを発見した旨を伝えましょう。電話をしたときに、「もし、よろしければご自宅に届けますよ」と言って忘れものを届けてあげると、より信頼関係が深まるでしょう。

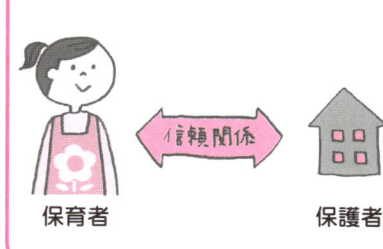

保護者との信頼関係に必要な3つの行動

子どもとの信頼関係が大切なように、保護者との信頼関係を築くのも大切です。そのためには「受容」、「共感」、「傾聴」がポイントになります。

保護者に緊張しなくて大丈夫！

　保育者は、保護者よりも年齢が若い場合が多いです。
「私、まだ結婚していないし……」
「小娘って思われているのではないか？」
などと考えて、保護者と話すことに気後れしたり、緊張していませんか？
　そういうときは、とにかく保護者の話を聞くことに全力を注ぎましょう。それだけで、確実に保護者との信頼関係の絆は強くなります。人は問題が起きたとき、ほかの人に話すことで問題の8割が解決すると言われています。
　この本を手に取るあなたは、子どもが泣いているとき、その子どもの気持ちを受容し、共感することができているはずです。

　子どもと同じように、保護者の気持ちに心から共感してみてください。
　保護者からの信頼が得られれば、何でも気軽に相談できる間柄になっていくでしょう。

受容

相手の気持ちや言葉をそのまま受け入れることです。子どもが「痛い〜」と泣いているときは、「痛いんだね」。保護者から「子どもが夜泣きをして大変」という内容の話があれば、「○○ちゃん、夜泣きをしているんですね」と繰り返し、話をじっくり聞きます。

共感

相手の気持ちを「自分」にも投影し、感じたことを伝えることです。たとえば「子どもの夜泣きが大変」という話であれば、「眠れないから、お母さん、大変ですね。体調大丈夫ですか?」などと共感の気持ちを伝える態度を取っていきます。

傾聴

受容・共感に加えて、「もっとおなたの話を聞きたい」という姿勢で話を聞くのが傾聴です。「それで?」「それから?」などと、あいの手を入れることで話が弾みます。身体を傾けて、もっと聞きたいという姿勢で話を聞くと話し相手が話しやすくなります。

私メッセージを加える

人に悩みを聞いてもらうだけでその問題の8割は解決すると言われていますが、それでも解決しないときは「私はこう思います」という私メッセージを伝えましょう。

保育者は、保護者の不安を聞いてあげて、最後に"私メッセージ"を少し入れてあげるとよいでしょう。保護者は、自分だけではなく、保育者も一緒に子育てしてくれるという安心感を持つことができます。

Column 6
子どもにイライラしたときは

どんなに有能な保育者であっても、子どもにイライラするときはあります。
そういうときの対処方法を紹介します。

　　子どもにイライラする気持ちを「ダメだ」と思って、抱え込もうとするから疲れるのです。
　　そんなときは子どもの目の前で「○○ちゃん、○○ちゃん、かわいいときはかわいいけど、にくいときは、コラッ!!」など節をつけて歌を歌ってみましょう。替え歌などを歌ってもよいでしょう。
　　もうひとつの方法は、「8秒間のラブラブ抱っこ」といい、愛情が子どもにストレートに伝わる方法です。保護者が「最近、子どもにイライラして怒ってばかりいるんです」とか「下の子が生まれて、上の子が赤ちゃん返りをして困っています」などと悩まれているときにおすすめしている方法です。保育者にも使えるので下図を参考に試してみるのもひとつでしょう。
　　このラブラブ抱っこをすることで、子どもは母親から愛されていると心から思うことができ、安心して心が満ち足ります。そうすると不思議と扱いやすくなるものです。そして、母親自身も心が軽く感じられるようになります。

ラブラブ抱っこの仕方

1
深呼吸をしてゆったりとした気持ちになったら、子どもを抱き寄せます。

2
強く抱きしめて「ママ（先生）は○○ちゃんが大好きよ」と耳元でゆっくり8秒間繰り返してください。

3
子どもが恥ずかしがったらやめましょう。

PART 8

季節ごとの言葉かけ

朝の会などで話せる小ネタから
園行事で困る子どもの行動に対応できる
言葉かけを一挙公開します!!

4月 APRIL

エイプリルフール
4月1日

「4月1日には楽しいウソをついてもよい」というルールのもと、世界中の人が毎年行うイベントです。正式には、どういう理由があるかは分かりません。ただ、「楽しいウソ」とは、人が悲しんだりするウソ、つまり、ウソをつかれた人が「悲しい」気持ちになってしまうウソではありません。楽しいウソを考えて、伝えて、みんなで大笑いしてみましょう。

子どもに話すときのポイント

「楽しいウソってどんなウソが思いつく?」などイメージが膨らむように話しかけましょう。子どもが何も思いつかない場合は保育者が率先してよい例を出してあげましょう。

昭和の日
4月29日

昭和天皇の誕生日。昭和天皇の崩御（ほうぎょ）にともない、「天皇誕生日」は今の天皇陛下の誕生日である12月23日になりました。4月29日は昭和天皇が自然を愛したことにちなんで、平成元年から「みどりの日」（平成19年から「昭和の日」）と名称を変えて祝日として存続しています。

子どもに話すときのポイント

今の時代を「平成」と呼び、その前の時代を「昭和」と呼ぶことを教えながら、今は平成の時間という意識を持たせてあげましょう。

園行事

入園式

入園式は子どもも保護者も少し緊張している可能性があります。保育者自身が緊張するのではなく、緊張をほぐす雰囲気をつくるようにしましょう。式の間、子どもがほかの人が気になってイスから立ちあがったり、集中できないときは、何を気にしているかを考え、「お母さん、見てくれているね。お話が終わるまで先生が一緒にいるね」などと安心させる言葉をかけましょう。「シッ。黙って座っていて」、「怒られるよ」などの脅し言葉はやめましょう。

5月 MAY

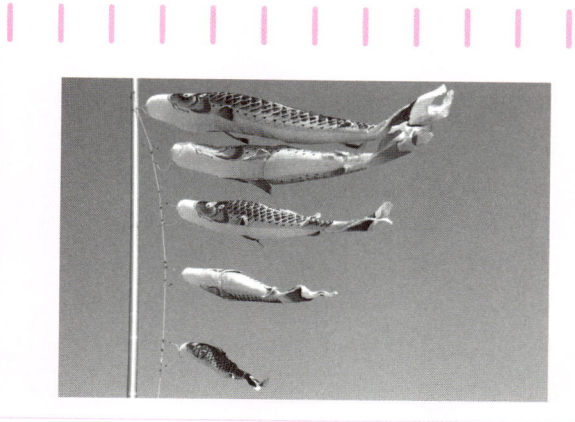

こどもの日
5月5日

子どもの人格を重んじ、子どもの幸福をはかるとともに、母に感謝する日。端午の節句、菖蒲（しょうぶ）の節句とも呼ばれます。端午の節句は、家をつぐことになる男の子の誕生と成長を祝うための節句で、兜、鎧など戦（いくさ）で身を守る武具を飾ります。また、この日に飾られる五月人形は童謡に登場する「金太郎」がモデルです。とても力が強く、母親孝行する優しい子どもであったことからです。

ワンポイント
この日に食べる縁起物の柏もちは柏の葉を巻きます。新しい芽が出るまで古い葉を落とさない、つまり「子孫がとだえない」柏の木の葉を使っています。

母の日
5月 第2日曜日

日頃の母の苦労を労り、母への感謝を表す日。アメリカのフィラデルフィアに、アンナ・ジャービスという女性がおり、その母親は1905年の5月に亡くなりました。アンナは母を思い、母の日の普及をはじめ、母親の命日に教会で母の日を行いました。この運動は広まり、1914年、大統領の提唱で、5月の第2日曜日を国民の祝日「母の日」と制定しました。日本では、大正時代に母の日がはじまりましたが、一般にこの日が普及したのは、第二次大戦後のことです。

ワンポイント
母の日にカーネーションを母親に贈る習慣は、アンナの母親が白いカーネーションを好きで、それを追悼の会で配布したことにちなんでいます。

園行事

遠足

目的地に着いたのに友だちと一緒に遊ばず、1人でつまらなそうにしている子どもを見かけたら、保育者はしばらく見守りましょう。「みんなと一緒に遊びなよ」などと声をかけて無理に輪の中で遊ばせる必要はありません。子どもに「先生と一緒に遊ぼっか？」と声をかけ、一緒に遊んであげましょう。

6月 JUNE

歯と口の健康週間
6月4日~10日

歯と口の健康に関する正しい知識を広め、歯や口の病気を予防して歯の寿命を伸ばし、国民の健康の保持増進に寄与することを目的としています。毎年、厚生労働省・文部科学省・日本歯科医師会の共同で全国で行われています。歯だけでなく、歯を含め口全体のケアの意識づけが目的です。

子どもに話すときのポイント

「歯磨きって何のためにするのかな？」「おうちでは歯磨きどうしてるかな？」と質問してみましょう。日頃の歯のケアが聞き出せたらその後の保育に生かせます。

時の記念日
6月10日

1920年に「時間をきちんと守り、欧米並みに生活の改善・合理化を図ろう」と呼びかけ、時間の大切さを広めるために東京天文台と生活改善同盟会によってつくられました。日本書紀に記された671年4月25日に初めて時を知らせたという、その日を太陽暦に換算して6月10日としました。

子どもに話すときのポイント

園児は、まだ時間の概念（大人が用いている絶対時間）を理解できません。1分がどのくらいの感覚か、ゲームをしてもおもしろいでしょう。

父の日
6月 第3日曜日

父親に感謝の気持ちを表す日です。1909年にアメリカのソノラ・スマート・ドッドという女性が、男手ひとつで自分を育ててくれた父の栄誉をたたえ、教会の牧師に礼拝をしてもらったことがはじまりです。日本で父の日は1950（昭和25）年頃から広がり、その後1980年代以降に定着したと言われています。

子どもに話すときのポイント

母の日にはカーネーションなら、父の日にはどんな花をプレゼントするの？ と質問してみましょう。父の日はバラの花が正解です。

園行事

保育参加、参観日

保育者は、普段の園生活が保護者に分かりやすいように「いつもこの時間はみんなで歌を歌っています」などと具体的に説明するとよいでしょう。保護者が参加できない場合、「何でいないの？」と不安になり、年齢によっては泣き出す子どももいます。保育者は「私が今日はお母さんの代わりになるからね!!」と笑顔で伝えて安心させてあげましょう。

7月 JULY

七夕

7月7日

星に願い事をする日です。この日にちなんだ天空の話があります。織姫は神様の娘で、はた織の上手な働き者の娘でした。彦星も働き者で、神様は2人の結婚を許しましたが、夫婦になると遊んでばかりいたので神様は怒り、2人を天の川をつくって引き離してしまいました。でも、1年に一度、7月7日だけは神様は2人が会うことを許し、天の川にカササギが橋を架けてくれるのです。7月7日に雨が降ってしまうと天の川の水が増えて、2人は橋を渡ることができず会うことができなくなってしまいます。

子どもに話すときのポイント

星座表などを使って天体の中から織姫、彦星をしめしてあげましょう。織姫は、こと座のベガです。彦星は、わし座のアルタイルです。

園行事

プール開き

子どもが水を怖がってプールに入りたがらないときは、「みんなと入らなきゃダメだよ」「顔をつけなきゃダメだよ」などと強要せず、その子どものペースにあわせましょう。横にタライを置いてそこで遊ばせたりして少しずつ水に慣れさせて、様子を見ましょう。

海の日

7月 第3月曜日

「海の恩恵に感謝するとともに、海洋国日本の繁栄を願う」日です。日本は、四方を海に囲まれた島国です。外国からの文化は海を使って渡ってきました。そして海は、日本に豊富な水産資源をもたらしてくれます。私たち日本人にとってまさに恵みの母なのです。

子どもに話すときのポイント

「海の生き物でみんなが知っているものは?」と質問してみましょう。そんな質問に子どもたちは大喜びすることでしょう。海を身近に感じるには生き物の話題がいちばんです。図鑑の中から生き物をひとつ選んで紹介するのもよいでしょう。

8月 AUGUST

お盆
7月13日〜
8月13日〜

家族、先祖がいるあの世の御霊をこの世にお迎えすることが、お盆です。お盆の時期は、地域によってまちまちですが、大きく分けると7月13日から行う地域、8月13日から行う地域があります。東京は7月に行われます。御霊をお迎えする迎え火ではじまり、御霊をお見送りする送り火で行事は終わります。

子どもに話すときのポイント

お供えものと一緒に飾るなすときゅうりでつくる馬と牛の意味を話してあげましょう。「馬にのってご先祖さまがさっそうと天国から戻ってきてほしい」、「帰りは、牛にのってゆっくりと天国に戻って行ってください」という思いを込めてつくられています。

終戦記念日（終戦の日）
8月15日

終戦記念日は「戦没者を追悼し平和を祈念する」日で、戦争が終結した日です。1945年8月15日の正午、昭和天皇によって日本が無条件降伏したことが国民に伝えられ、第二次世界大戦が終結しました。この日、日本政府は、全国戦没者追悼式を主催しています。

ワンポイント

この戦争で、戦死者は約212万人、24万人が空襲によって命を落としました。この日の正午から1分間、黙祷が捧げられます。

園行事

お泊り会

保護者がいないことに不安で泣き出してしまう子どもには「泣かないで。大丈夫だよ」「弱虫なんだから」などと言うのではなく、「さびしいよね」とまず共感しましょう。そして、「先生がお母さんの代わりにそばにいるから安心してね」と伝え、不安を取りのぞいてあげましょう。

9月 SEPTEMBER

十五夜

旧暦の8月15日を「十五夜」「中秋の名月」と言います。中秋の名月とは秋の真ん中に出る満月のことです。月見の習慣が大陸から伝わったころ貴族たちは、月を直接見るのではなく、船にのって、杯や池に月を映して楽しんでいました。

ワンポイント

現代の月見方法は昔と異なります。月が見える場所に、ススキを飾って月見団子、いも、豆、粟、柿などを盛りお供えして、月を眺めます。

敬老の日

9月 第3月曜日

「多年にわたり社会につくしてきた老人を敬愛し、長寿を祝う」日です。1947年（昭和22年）に提唱した「としよりの日」がはじまりです。この日は「老人を大切にし、年寄りの知恵を借りて村づくりをしよう」と、農業を仕事とする老人を敬う日でした。農作業の忙しさが落ち着く9月中旬の15日を「としよりの日」と定め、村中でお祝いをしました。

子どもに話すときのポイント

おじいちゃん・おばあちゃんと離れて暮らしている環境の子どもも多いです。「おじいちゃん、おばあちゃんってそもそも私の何？」という、自分との関係がよく分からない子どものために、家系図などを描いて説明しましょう。

園行事

避難訓練

4〜5歳になると「どうせ訓練だし……」と訓練中にふざける子どもも出てきます。「ふざけないで!!」と怒る前に保育者が真剣に「集まって」、「口をふさいで」と、子どもにやってほしいことをやって見せましょう。年齢にあった訓練計画を立て直してみるのもひとつの方法です。

10月 OCTOBER

体育の日
10月第2月曜日

1964年に開催された東京オリンピックを記念して「国民がスポーツに親しみ、健康な心身を培う」日です。この日は、スポーツに親しみ、健康な心身を培うことにちなみ、全国でスポーツ関係の催しが数多く開催されます。

子どもに話すときのポイント
「どんなスポーツがあるかな?」など運動に関することを子どもにも聞いていろんなスポーツがあること、「体を動かすのって楽しいね」ということを感じさせましょう。

ハロウィン
10月31日

ハロウィンは10月31日に行われる、古代ケルト人がはじめたお祭りのことです。秋の収穫をお祝いして悪霊を追い出す行事です。子どもたちが魔女やお化け、最近では思い思いのキャラクターや物に仮装して近くの家を訪れて「トリック・オア・トリート(お菓子をくれなきゃイタズラしちゃうよ)」と言ってお菓子をもらいます。仮装して練り歩くのは、悪霊に人間と見破られないための変装という意味です。

ワンポイント
かぼちゃの中身をくりぬきジャック・オー・ランタンをつくって園の中で飾り、子どもたちに見せてあげましょう。

園行事

運動会
子どもが運動嫌いで練習に積極的に参加しないときは、「やらないとお母さん悲しむよ」「園長先生に怒られるよ」などと脅し言葉を使ってもムダです。保育者は普段の遊びの中で一緒に体を動かす遊びをして「体を動かすことが楽しい」と子どもが思えるように努めましょう。

11月 NOVEMBER

文化の日
11月3日

「自由と平和を愛し、文化をすすめる」日として定められました。1946年（昭和21年）に日本国憲法が公布された日にちなんでいます。文化勲章は日本国憲法が平和と文化を重視していることから、この日に授与されます。科学技術や芸術などの文化の発展や向上にめざましい功績のある人に勲章が贈られます。

子どもに話すときのポイント

勲章は、国家やその元首（げんしゅ）などが個人に功績や業績を表彰するために与える記章のこと。いろいろなデザインがあります。勲章の写真を見せて子どもたちに、これはどんなものかを考えさせてみましょう。

園行事

作品展

こだわりが強く、作品制作に時間をかける子どもに「早くしなさい」と言うのはやめましょう。自分が納得して描けるまで見守り、描けたときに「最後まで描けたね」とひと言笑顔で言ってあげましょう。

七五三
11月15日

七五三は、7歳、5歳、3歳の子どもの成長を祝う行事です。11月15日は、神社・寺などに詣でます。地方によってお祝いする年齢が異なります。一般的には、数え年3歳（満年齢が2歳になる年）に男女とも行ないます。また数え年でなく満年齢で行う場合もあります。

ワンポイント

七五三の楽しみのひとつ千歳飴は、子どもの長寿の願いを込めて、細く長くなっています。縁起をかついで紅白の色で着色されています。この千歳飴は、江戸時代、浅草の飴売りの七兵衛が売り出したのがはじまりと言われています。

子どもに話すときのポイント

「いつも一生懸命がんばっているお父さんとお母さんに『いつもありがとう』と言ってみてね」と伝えたり、「日頃の感謝を込めておうちのお手伝いをしてね」と伝えるのもよいでしょう。

勤労感謝の日
11月23日

「勤労を尊び（たつとび）、生産を祝い、国民たがいに感謝しあう」日です。もともと農業の国である日本は、昔から神様へ対して農作物の収穫を祝うお祭りがありました。この日は、収穫のためにがんばったことをねぎらう日で、現在は農業だけでなく、すべての仕事をしている人に感謝するようになりました。

12月 DECEMBER

クリスマス
12月25日

12月25日にイエス・キリストの降誕（誕生）を祝う祭です。家庭では、クリスマスツリーを飾り、ろうそくを灯してお祝いします。日本ではクリスマスケーキや鶏などを食べてお祝いします。日本などではクリスマスの前の夜にサンタクロースが、よい子のもとにプレゼントを持って訪れるとされています。

子どもに話すときのポイント
日本でクリスマスというと、プレゼントがもらえるだけの日という雰囲気になりがちです。キリストの誕生日で、世界中の人が幸せになるように祈る日だということを伝えましょう。

大みそか
12月31日

1年の最後の日です。日本各地でさまざまな年越しの行事が行われます。伝統的な風習には年越しそばを食べたり除夜の鐘がよく知られています。

子どもに話すときのポイント
「1年って何だろう？」とカレンダーを見せながら「ここで遠足があったね〜」などの行事ごとを交えて伝えてみるのもよいでしょう。

園行事

クリスマス会
クリスマス会の途中で子どもが「サンタさんなんていないんだ」と言ってきたとき、保育者は動揺しないようにしましょう。「○○君はそう思うんだ。何で？」と理由を聞き、「先生はいると信じているけどな〜」と伝えてみましょう。

年末の言葉かけ
季節ごとのあいさつは気持ちがいいものです。子どもが冬休みに入る前日の帰りに子もと保護者に「よいお年を！」と言葉をかけてみましょう。

1月 JANUARY

正月
1月1日

正月用の飾りをし、行事を行ったり料理を食べて、お祝いします。新年になって最初に会った人とは、「あけましておめでとうございます」というあいさつをしましょう。また、お世話になった人や知人などに年賀状を送ったりします。

子どもに話すときのポイント
お雑煮は土地により、お餅の形がまるや四角だったり、ダシが違います。「みんなのお雑煮はどんなのだった?」と聞いてみましょう。

鏡開き
1月11日

正月に神様や仏様にお供えした鏡餅を下げて食べる行事です。感謝し、お供えしたものを頂いて無病息災などを祈ります。餅を汁粉や雑煮などにして食べます。

ワンポイント
お餅が何からできているか教えてあげましょう。餅つきを園行事としてする所としない所があります。しないところは、餅つきの風景をパネルで見せて説明してあげるとよいでしょう。

七草
1月7日

1月7日の朝に、7種の野菜が入った粥を食べる風習のことです。邪気を払い万病を除く占いとして食べます。①せり、②なずな、③ごぎょう、④はこべら、⑤ほとけのざ、⑥すずな、⑦すずしろの7種の野菜を刻んで入れた粥です。

子どもに話すときのポイント
「7種の中にお散歩で見かける草があるかな?」と言って図鑑で形を調べ、散歩中に子どもと一緒に探してみるのも、よいでしょう。

成人の日
1月第2月曜日

「大人になったことを自覚し、みずから生き抜こうとする青年を祝い励ます」日です。この日は、各市町村で新成人を招いて成人式が行われます。一般的に学齢でいう前年の4月2日からその年の4月1日に成人する人を式典参加の対象にするのが定着しています。この日、女性は振袖、男性はスーツや羽織、袴などの正装をします。

ワンポイント
「大人ってどういう意味?」「お父さんとお母さんは大人かな?」など、大人とは何かを子どもに考えさせてみるのもいいでしょう。いろいろな意見が出てきますが、否定はせず、「○○ちゃんはそう思っているんだね」と発言を認めてあげましょう。

2月 FEBRUARY

節分
2月3日

「福は内、鬼は外」と声を出しながら豆をまいて、年齢の数だけ豆を食べる厄除けを行います。鬼に豆をぶつけることにより、邪気を追い払い、1年の無病息災を願うという意味があります。また、自分の年の数よりひとつ多く食べると、体が丈夫になり、風邪をひかないという言い伝えがある地方もあります。

子どもに話すときのポイント

昔から鬼はヒイラギの木とイワシの頭が嫌いだと言われており、ヒイラギの小枝にイワシの頭を焼いたものを刺し玄関に飾っていました。「鬼は何が嫌いか知っている?」と子どもに聞いてみるとよいでしょう。

バレンタインデー
2月14日

セントバレンタインデーとも呼ばれ、世界各地で男女の愛の誓いの日とされています。日本では、女性が男性にチョコレートを贈り愛の告白をするのが一般的ですが、女性から男性へチョコレートのみを贈るのは世界的に見て日本だけの特徴のようです。

子どもに話すときのポイント

子どもには、大切な人に「大好き」という気持ちを伝える日と伝えてみましょう。「みんなは、大好きなお父さんとお母さん、お友だちに伝えようね」と言い、「先生はみんなが大好きです」と言ってみるのもよいでしょう。

園行事

生活発表会

発表会は保護者に子どもたちの1年の成長を見てもらう場です。子ども1人1人が自分で「楽しいな」「がんばろう」と思えるようにしたいところ。発表会当日は、子どもはみんな「失敗したらどうしよう?」「大丈夫かな?」とそれぞれ緊張しています。保育者は、いつもと変わらない笑顔で接し、緊張をほぐしてあげましょう。

3月 MARCH

耳の日
3月3日

3の字が耳の形に似ていることと、3を「み」と読んだ語呂あわせから3月3日になりました。耳に関心を持ち、健康な耳を持っていることへ感謝する日です。また、耳の不自由な人々に対する社会的な関心を持ってもらうようにするために制定されたという側面もあります。

子どもに話すときのポイント

後ろから子どもの名前を小声で呼んだり、小声か無声で動物の名前を言って何と言っているかを当てさせてみたりなど、耳が聴こえるありがたさを体感させるのもよいでしょう。

ひな祭り
3月3日

女の子のすこやかな成長を祈る節句の年中行事です。桃の節句とも呼ばれます。ひな人形と桃の花を飾りひなあられや菱餅をお供えして、白酒、寿司、吸い物などでお祝いします。ひな人形にはさまざまな形があり、人形の数も配置も違います。

ワンポイント

ひな祭りの日が過ぎても、ひな人形を出したままにするとその女の子の結婚が遅れるという話があります。旧暦で言うと梅雨のシーズンがすぐなので、早く片づけないと人形や飾り物が虫に喰われたり、カビが生えて傷んでしまう、というのがその理由のようです。

園行事

卒園式

子どもたちに卒園を喜ぶ言葉をかけてあげましょう。「小学生になってもがんばってね」「きっと大丈夫だよ」「応援しているよ」「今までありがとう」など保育者が心から思っている激励・喜び・感謝の言葉をかけましょう。

保護者への言葉かけ

「ご卒園おめでとうございます」という言葉とともに、保護者にとって大切なお子さんをお預かりして「とても貴重な体験をした」、「とても楽しかった」、「かけがえのない思い出ができた」などの思いを伝えましょう。

監修
増田かおり
株式会社 マミーズファミリー代表取締役

松山市東雲短期大学保育科卒業後、3年間保育の仕事に従事。子育て中の育児ノイローゼの体験から「マミーズファミリー」を設立。今では「日本一お母さんを元気にして、お子さんを日本一可愛がる、日本一ハッピーな保育をする」をビジョンに、全国で院内保育所や、事業所内保育所、小規模保育所、認可保育所、ベビーシッターサービスを経営。現在300名を超える保育士が在籍しており、毎日1,000名を超える園児を保育している。南海放送おかデリ「ビッグママのはみ出し子育て」を担当。著書に「がんばりすぎない子育て」(PHP研究所)「日本一ハッピーな保育所をめざして」(ラグーナ出版)がある。

HP：http://www.mammys-f.jp/

Staff

- ●制作
  ひょっとこproduction
- ●編集
  吉村ともこ
  安藤秀子
  小谷由紀恵
- ●企画・編集ディレクター
  編笠屋俊夫
- ●進行管理
  中川通
  渡辺塁
  牧野貴志
- ●取材・執筆
  浦井美弥
  幸田陽子
  みくりや なつき
- ●撮影
  中村介架
- ●イラスト
  柴田紗枝
  臼井修 (Thumb Design Studio)
- ●表紙＆本文デザイン
  瀬戸冬実(futte)
  川岸歩
  利根川裕
- ●リサーチ
  Watcher Japan

保育を完全サポート！ **0歳から5歳までの言葉かけ**

平成26年11月15日　初版第1刷発行
平成29年7月20日　初版第2刷発行
監修者　増田かおり
発行者　穂谷竹俊
発行所　株式会社日東書院本社
〒160-0022
東京都新宿区新宿2丁目15番14号　辰巳ビル
TEL：03-5360-7522（代表）　FAX：03-5360-8951（販売部）
URL：http://www.TG-NET.co.jp
印刷所：三共グラフィック株式会社　製本所：株式会社セイコーバインダリー

本書の内容に関するお問い合わせは、お手紙、FAX、メールにて(info@TG-NET.co.jp)承ります。
恐縮ですが、お電話でのお問い合わせはご遠慮くださいますようお願いいたします。定価はカバーに記載しております。
本書の無断複製（コピー）は、著作権法上での例外を除き、著作者、出版社の権利侵害となります。
乱調・落丁はお取替えします。小社販売部までご連絡ください。
©Nitto Shoin Honsha Co.,Ltd.　2014, Printed in Japan　ISBN978-4-528-01885-3 C1037